短视频
运营实操手册

李科成 / 著

中国商业出版社

图书在版编目（CIP）数据

短视频运营实操手册 / 李科成著. -- 北京：中国商业出版社, 2019.12

ISBN 978-7-5208-0986-3

Ⅰ. ①短… Ⅱ. ①李… Ⅲ. ①网络营销—手册 Ⅳ. ① F713.365.2-62

中国版本图书馆 CIP 数据核字（2019）第 255299 号

责任编辑：刘毕林

中国商业出版社出版发行

010 - 63180647　　www.c - cbook.com

(100053　北京广安门内报国寺 1 号)

新华书店经销

北京紫瑞利印刷有限公司印刷

*

710 毫米 ×1000 毫米　16 开　16 印张　207 千字

2019 年 12 月第 1 版　2019 年 12 月第 1 次印刷

定价：58.00 元

* * * *

（如有印装质量问题可更换）

前 言
PREFACE

短视频即短片视频，一般是在互联网新媒体上传播的时长在1分钟以内的视频内容。随着智能手机的普及，4G网络的提速，以及5G时代的到来，短视频产品凭借碎片化、高传播、低门槛、短平快的大流量内容传播特性，获得用户、各大平台和资本的青睐，达到了空前的繁荣局面。

越来越多的创作者开始投身于短视频的拍摄、制作，不仅涌现出papi酱、李子柒、代古拉K等网红大咖，就连政府部门，如拥有上千万粉丝的新闻联播、人民日报也在一些短视频平台开设了官方账号。据统计，截至2019年7月底，短视频应用的用户已经达到了8亿多人。

短视频行业看起来热闹非凡，但入驻这些平台之后，人们才发现要把产品推上热门，赢得粉丝，并收割红利，并不是一件容易的事。如果不懂一点运营技巧，恐怕付出很多心血拍的短视频，观看的人却寥寥无几，更别提涨粉了。如今，如何做好短视频运营就成了大家所关心的事情。

我们先来认识一下什么是短视频运营。短视频运营作为新兴职业，它属于新媒体运营或者互联网运营体系下的分支，即利用抖音、微视、火山、快手等短视频平台进行产品宣传、推广以及企业营销的一系列活动。通过策划与品牌相关的优质、高度传播性的视频内容，向客户广泛或者精准推送消息，提高知名度，从而充分利用粉丝经济，达到相应的营销目的。

本书从短视频的大趋势入手，从战略性的角度分析了短视频的现状和未来。短视频作为一个风口，瞬息万变，发展的过程中不乏急流险滩，但也有明确的"出海口"，创作者只有看准趋势，把握好短视频制作的方向，才能把握住短视频带来的内容创业机遇。

要做好短视频运营，首先要给自己一个精准的定位。包括定位平台、目标群体、风格、内容、用户需求等，这些定位可以帮助创作者确定内容方向，找到用户痛点。只有知道用户喜欢什么，才能吸引大量粉丝。

短视频运营的核心当然是内容。无论创作者的初心怎样，内容不好，一切免谈。对于新手来说，模仿是重要的学习方法，可以帮助创作者迅速找准方向；对于高手来说，想要提升内容质量可以向大咖学习，所以书中列举了papi酱、钟婷、名侦探小宇、柚子cici酱等成功案例以资借鉴。

要想让自己拍摄的视频更加出彩，吸引眼球，必须具备一些拍摄技巧。构图、道具、布光、调色、镜头以及黑科技的运用，可以帮助你把短视频拍出电影的效果。再加上后期剪辑、包装，都需要做到专业才会更具吸引力。

但有的时候视频内容很吸引人，观看的人却不多，这与平台的推荐机制、引流方法都有关，所以本书介绍了一些引流吸粉的方法和平台的推荐算法。在引流方法中，主要介绍的是新手和中尾部创作者的吸粉方法。在推荐算法中，因为抖音平台的算法最多且最为典型，所以我们主要介绍抖音平台的算法，其他平台的算法也有所提及。

作为短视频运营中的难点，变现成了很多运营者最头疼的事。针对运营者的困境，书中不仅列举了头部运营者的变现方式，还深入挖掘一些"草根"创作者的成功变现经验，提出了一些解决变现难题的有益思路。

  本书注重实操，并且图文并茂，通俗易懂，想要创作短视频的新手，以及想要进阶的从业人员认真阅读并实践，必能受益匪浅。

目录
CONTENTS

第一章 未来：短视频将迎来新的爆发机遇 001
1. 短视频火爆背后的底层传播逻辑 002
2. 5G时代，短视频将带来哪些发展机遇 005
3. 如何利用短视频打开内容创业风口 008
4. 跨类别竞争，差异化经营 012
5. 短视频"出海"成趋势 014
6. 短视频井喷，知识类短视频或成下一个风口 017
7. 短视频告别野蛮生长，进入精耕细作时代 021
8. "短视频+"时代来临，你准备好了吗 023

第二章 定位：直接决定未来的涨粉和变现方式 027
1. 平台定位：选择你的短视频战场 028
2. 目标群体定位：找到属于你的精准粉丝群体 030
3. 优势定位：找到你擅长的领域 032
4. 风格定位：你是卖萌的活泼型还是端庄的严肃型 036
5. 差异化定位：你和别人不一样的，就是卖点 039
6. 垂直定位：做好更加精细化的运营 042

7.个性定位：独特的个性标签帮你赢得关注 …………………… 046

8.需求定位：用卡诺模型找到用户需求，并满足它 …………… 048

9.稀缺定位：利用市场稀缺更容易爆红 ………………………… 052

第三章 内容：获得高度关注背后的产品逻辑 …………… 055

1.具有创意的策划才会产生好作品 ……………………………… 056

2.视频新手，试试搬运、模仿和四维还原法 …………………… 059

3.从用户价值角度教你做好短视频 ……………………………… 062

4.垂类达人如何做好泛知识短视频 ……………………………… 065

5.如何制作幽默风趣的短视频 …………………………………… 069

6.靠"反转"设计，这些短视频火了 …………………………… 072

7.再好的创意，也不如稳定更新和持续输出 …………………… 076

第四章 竞品：那些爆红的同行就是我们的导师 ………… 079

1.做一份竞品分析报告 …………………………………………… 080

2.从爆款与点赞数看受欢迎的短视频类型 ……………………… 082

3.那些明星主播的哪些地方值得学习 …………………………… 086

4.获得10万赞的标题有什么特点 ………………………………… 089

5.火爆视频作品的素材设计 ……………………………………… 092

6.竞品的"气质"：值得学习的头像和背景图设计 …………… 094

7.重要的事情说三遍：原创、原创、原创 ……………………… 097

第五章 拍摄：小白到大师只差这8个技巧 ……………… 101

1.道具模式：巧借他物拍出花样百出的热门视频 ……………… 102

2.滤镜特效：打造不一样的视觉体验 …………………………… 105

3.镜头构图：九宫格助你打造舒适的视觉感 …………………… 107

4.配乐：选择一首适合的背景音乐 ……………………………… 111

5.黑科技：学会撩到上亿人的玩法 …………………………… 114
　6.录屏拍摄：火爆抖音的图文PPT零基础操作解析 ………… 119
　7.布光技巧：你也能拍出大片的光影感觉 …………………… 122
　8.创意角度：别出心裁，拍出有趣的画面 …………………… 126

第六章　编发：专业剪辑加上传助你上热门 ……………… **131**

　1.App：移动端短视频加工好帮手 …………………………… 132
　2.剪辑音乐：让音乐长度更符合你的视频 …………………… 135
　3.定主题：制作一张秒杀全场的精美封面 …………………… 138
　4.加文字：利用文字锦上添花 ………………………………… 142
　5.添位置：发布时添加位置吸引同城好友 …………………… 146
　6.@好友：让你关注的人和关注你的人第一时间看到 ……… 149
　7.定时间：抓准时间事半功倍 ………………………………… 151

第七章　涨粉：让粉丝噌噌暴涨的引流秘籍 ……………… **155**

　1.熟人引流：让忠粉带新粉 …………………………………… 156
　2.平台引流：多个平台同时运营推广 ………………………… 159
　3.互动引流：提高评论量和点赞量 …………………………… 162
　4.造势引流：利用从众效应走红 ……………………………… 165
　5.福利引流：优惠活动推送，提高用户转化率 ……………… 167
　6.内容引流：要涨粉仅仅靠内容优质是不够的 ……………… 169
　7.广告引流：在各大自媒体平台穿插广告 …………………… 173

第八章　算法：让每个人都有机会爆红的推荐逻辑 ……… **177**

　1.自推荐算法：抓住短视频平台的巨大流量池 ……………… 178
　2.高压线机制：牢记抖音三大检测营销号机制 ……………… 180

3.层层推算法：作品表现越好，流量池就会越大 …………… 183

4.账号权重算法：前五个作品的播放量决定初始权重 …………… 186

5.时间性算法：追赶上热门的时间 …………… 189

6.快手上热门算法的原理分析 …………… 192

7.各大平台更容易被推荐的加分方法 …………… 195

第九章 风险：短视频运营的7个误区 …………… **199**

1.不重视用户的反馈意见 …………… 200

2.很少策划营销活动 …………… 202

3.不与用户做互动 …………… 205

4.运营渠道单一 …………… 207

5.不持续关注渠道动态 …………… 210

6.硬追热门 …………… 212

7.从来不做数据分析 …………… 215

第十章 变现：收割短视频红利正当时 …………… **219**

1.为何有人月入百万元，有人粥都吃不上 …………… 220

2.papi酱们是这样赚钱的 …………… 222

3."出逃"直播的网红，如何在短视频江湖继续吸金 …………… 226

4.视觉、流量、转化率——电商三要素的完美融合 …………… 229

5.打赏机制会成为短视频变现的新突破口吗 …………… 232

6.可持续发展的关键是打造自身的商业壁垒 …………… 234

7.如何突破变现困境 …………… 237

8. 你不知道的短视频卖货变现秘诀 …………… 240

9. 广告植入是目前短视频重要的变现方式 …………… 243

第一章
未来：短视频将迎来新的爆发机遇

1.短视频火爆背后的底层传播逻辑

短视频是互联网上产生的一种内容载体,它的时长一般在5分钟以内。和图文、长视频等传统内容载体相比,短视频时间短、内容精粹、重要信息突出,可以让用户随时随地都能观看,而且它所具有的评论、点赞、分享等功能使它具有很强的社交属性,所以短视频从2018年起成了互联网的风口。

数据显示,截至2019年7月底,短视频应用的用户已超过8亿,而2019年上半年下载短视频的数量就有1亿人次。在种类繁多的短视频应用中,"抖音""快手"收割了大量用户,成为短视频行业的两大"霸主",而其他应用如"火山""西瓜""今日头条""美拍"的用户量也不容小觑。短视频传播如此迅速,它的传播逻辑是什么呢?

产品逻辑:内容传播形式更胜一筹

随着短视频的火爆,政府机构、学校、社会组织、企业纷纷入驻短视频平台,更不用说旅游景点、电商了。因为相比于以前的内容传播形式,短视频对用户更有吸引力。比如电商以前很少用短视频来展示商品,而引入短视频后,用户可以看到更加详细、真实的物品,购买欲也变强了。

这体现出短视频的内容传播形式更胜一筹,因为直观、具象、生动、动态的信息更加吸引人们注意。文字信息需要在大脑中变成图像,这个过程最为漫长,因为它需要大脑根据已有经验来自己重新组织画面,如果没有经验,就无法形成清晰的思路;图片信息虽然直观,但它是静态的，没有生动性，大脑也需要根据已有经验来将它动态化；长视频很耗费时间，人们为了在长视频中获得一点信息，不得不花费很长的时间，性价比不高。短视频不仅克服了以上缺点，还具有互动性，可以让粉丝在博主的视频中找到朋友圈，而每个用户都可以成为创作者，都可以参与拍摄和制作视频，实现自己被关注的需求。所以短视频几乎满足了用户的视觉需求、听觉需求、交流需求、归属感需求、尊重需求和自我实现需求，这比任何一种媒介形式都要富有优势。

市场逻辑：快餐也可以更有营养

人们都说现在是"快餐消费"，只追求速食而不追求营养，但短视频的出现打破了这一传言。短视频时间极短，可以说达到了快餐文化的极限，但它里面包含的信息量非同一般。短视频的类型几乎覆盖生活的方方面面。据粗略统计，有美食类、生活技能类、搞笑吐槽类、访谈类、电影解说类、时尚美妆类、旅游类、知识科普类等，既有娱乐内容，又有公益、教育、新闻等内容，不仅范围广，而且细致地深入每个领域，可以说，在短视频平台上只有你想不到的，没有你看不到的。

在工作生活压力逐渐加大的现代社会中，每个人的作息好像都被按下了快进键，人们已无法安心地读一本名著、做一桌美食、看一部电视剧、练一手好字、学一口流利的英语了，但是人们对知识的需要越来越迫切，特别是计算机、外语等技能日益成为工作必备技能，而有些技能在短视频中15秒就能讲解清楚，人们自然心甘情愿地领这份快餐。而且，15秒钟的短视频很方便有需要的用户在上班时间观看学习，不会耽误他们工作。比如用户在上班时需要用PS抠图，直接观看收藏的视频，或者搜索到相关视频，花费的时间也不过1分钟，而传统的长视频有片头广告，视频中讲解抠图内容的位置还需要现找，用户花费的时间通常超过10分钟。

裂变逻辑:"中心化"与"去中心化"

"中心化"与"去中心化"是短视频崛起后网络上的热词。"中心化"就是以少数创作者为主,"去中心化"就是给每个创作者以平等的机会。虽然"去中心化"是短视频发展的趋势,但是平台不同,机制不同,造成了它们的"中心化"程度不同,也就是说,"中心化"与"去中心化"是相对而言的。"中心化"的平台会让用户打开应用就看到爆款视频,但是为了给别人更多的机会,爆款视频不会占据首页太长时间;"去中心化"平台让用户在打开应用之后可以看到最新发布的视频,从而给创作者几乎均等的机会。

以"抖音"和"快手"为例,它们的推荐机制造成了它们具有不同的属性,"抖音"的流量池机制打造出一大批头部创作者,流量都集中在了他们的视频上,尾部创作者分得的流量较少;"快手"的推荐机制是给每个用户推荐他们喜欢的类型,每个创作者的视频展现在用户面前的机会是均等的。

虽然机制不同,但是它们都成功吸引了流量。这是因为"去中心化"的平台为创作者提供了大量的机会,每个用户都可以成为创作者、都可以表现自己,满足自我实现的需求,所以"去中心化"的应用收获了一大批创作者。"中心化"的平台推荐的内容更符合用户的需求,用户可以很方便地看到自己感兴趣的内容,所以"中心化"平台拥有众多观众。

由此可见,短视频之所以火爆,最根本的还是抓住了用户需求这根命脉。虽然不同的用户有不同的需求,比如有人追求娱乐,有人追求生活质量,有人喜欢炫耀自己,有人喜欢看到大千世界,但是他们都能在短视频平台上找到归宿,所以短视频的火爆是必然趋势。

2. 5G时代，短视频将带来哪些发展机遇

在5G时代，人们的网络生活将更加丰富，不仅上网时间将继续延长，线上交易也会更加频繁，而且线上学习、工作将常态化，人们甚至可以不出门就把一天的任务完成了。短视频作为当下网络上最红的宠儿，也将带给人们各种便利，尤其对企业、电商、个人创业者带来很好的发展机遇。

自从有了你，企业更加有业绩

很多企业在看到短视频火爆发展的趋势后，都想利用好这种信息载体形式，为自己的业绩添柴加薪。果然短视频不负众望，让很多企业火了起来，最明显的就是旅游企业和美妆、时装企业，在这些企业的带动下，更多的企业开始入驻短视频平台，比如餐饮企业、科技企业、生产企业等。很多人怀疑，企业做短视频不是在浪费成本吗？特别是小企业，人手本身不多，还要有专门的人来做短视频，业绩没有明显提升，反而提高了支出，岂不是捡了芝麻，丢了西瓜？

其实，很多企业将短视频平台作为自己拉拢人气、扩大名气的舞台，然后将粉丝转化成自己的客户，特别是餐饮行业，在过去，餐饮行业一般只会吸引周边的居民用餐，顾客是固定的，不会有人只为到一家餐饮店里吃一顿饭而千里迢迢赶过去。但是餐饮店有了文化基因之后就不一样了，很多人会为了欣赏店铺文化而去就餐，短视频正好可以为企业打造文化招牌。如图1-2-1所示，这家名叫"本宫的鸡"的餐饮企业没有做美食视频，而是每天发布两个店员的搞笑日常，久而久之，这两

个店员就成了他们的招牌，很多人会到这家餐饮店来看看，未到过这家店的粉丝也会充满好奇，经常在评论区问店址在哪。可以想见，这家店铺的生意必然很火爆，而且还有人想加盟成为连锁店。

图1-2-1

因此，企业选聘专门的人员从事短视频创作，对企业长远发展具有很深远的意义。因为短视频可以更加迅捷、广泛地传播信息，从而提高企业的知名度，客户、合作商会慕名而来，企业就可以实现跨越式发展。试想，地处偏远地区的企业由于知名度不够，缺少合作企业与下游企业，生产力必然低下，而借助短视频，这些企业就可以招来合作商，效率必然有所提升。

全新营销模式，电商再升级

各个企业以前的营销模式主要是广告，但是广告这种形式是让用户被动接收信息，用户没有选择权，电商平台虽然让用户有了自主选择权，但是广告信息一般是枯燥的图文信息。短视频兼有二者的优点，又避免了它们的缺点，就是说，短视频中出现的产品直观、生动，又可以

第一章 未来:短视频将迎来新的爆发机遇

让用户自主选择观看与否,还会让用户对产品产生好奇、惊讶等心理。

传统电商平台上展示的产品由于隔着屏幕,无法让用户亲自体验,用户只能看到图片,怎么用、效果怎样都是不能判断的,虽然有购买评价,但是水分太大,用户难以相信。短视频的形式可以向用户展示出使用过程、使用方式等,所以它的亲和力很高。

另外,短视频应用的主要用户是年轻人,年轻人什么都爱玩,见到稀奇的东西就想尝试,而且年轻人消费占网络消费的比重很大,只要迎合了他们的喜好,电商就能广泛推广自己的产品,所以短视频给电商带来了很大的机遇。

如图1-2-2所示,这个店铺主要销售益智玩具,如果利用传统营销手段或者图文信息来推广,势必没有太多人关注,因为图片上的商品只有商品属性,而短视频可以将商品展示变为视觉盛宴,从而为商家带来创收的全新模式。这个店铺的益智玩具几乎都是连环、鲁班锁等,商家把破解玩具的过程拍成了视频,让很多年轻人看到玩具的魅力,享受了一把解密的快感,所以会点赞、关注商家。

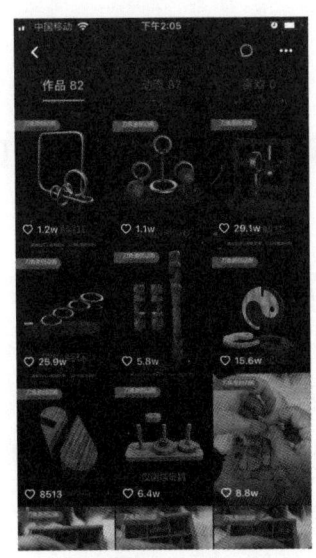

图1-2-2

不甘平庸，创业者的机遇

对于大企业来说，短视频是重要的推广利器；而对于小团队和创业者来说，短视频就是蹿红的跳板、潜在利润的存钱罐。很多网红都是在短视频领域火起来的，比如papi酱、李子柒等。这种机遇对年轻人非常难得。在没有短视频的时代，年轻人想创业，可以做电商、当主播，但是只有很少的一部分人会成功，而短视频给予每个人的机会是差不多的，创业者只要有创意、能坚持，就有可能打造出爆款短视频。

因为使用短视频应用的主要是年轻人，且女性比例较高，其中，在校大学生占了很大比重，这些人在学校里可能消费能力不高，但是自己挣钱以后消费能力不容小觑，而且他们的理财观念较淡，还不用考虑还房贷等，所以他们的消费潜力不可低估。创业者在前期积累粉丝，到后期就可以将这些年轻人转化成自己的忠实消费者。

当然，短视频给创作者带来的机遇还不止这些，随着短视频的日益火爆，它会带来无限可能，有想法的人应当尽快赶上这班顺风车，不要坐失良机。

3.如何利用短视频打开内容创业风口

随着短视频的逐渐成熟，用户也产生了审美疲劳，对千篇一律的网红脸失去了往日的爱慕，相继而来的是追求内容的多元化与优质化。平台为了迎合用户的需求，不断挖掘新鲜内容，并鼓励短视频创作者制作优质视频。比如有的平台投入了大量资金鼓励原创，有的平台发布公告招募非遗传承人，有的平台专门设立评选精品视频的部门来提升内容质量。

每个人都可以成为短视频创作者

很多人会问,内容创业风口为什么不是微信公众号,也不是"知识付费"经济,而是短视频?答案其实很明显。微信公众号还是传统媒体,图文信息居多,而且是中心化的,很多尾部公众号没有几个粉丝,在这方面创业除非是业界大牛,不然没有出路。而"知识付费"经济曾被质疑"贩卖焦虑",而且内容枯竭的瓶颈较难打破,虽然人们对信息、技能、机遇的需求还会促使其继续发展,但是恐怕也要借助短视频才能谋求更大的发展。

短视频之所以成为内容创业风口,与网络技术、智能终端技术有必然联系。相比于以往,硬件设备人人都有,软件更是简单易操作,这使得视频的拍摄、制作、上传更为便捷,从而降低了视频制作的门槛。此外,短视频平台都有去中心化的趋势,每个创作者都有可能创作出爆款内容。"知识付费"经济还不够平民化,创作者都是有某方面才能的,这为草根创作者提高了进入门槛。而短视频人人都可以上传,每个人都可以成为创作者,而且每个人都可以挖掘出自己的创意,所以在短视频上有了创意爆发的局面。

而各大平台的政策倾斜也让短视频成了风口,正如阿里巴巴文化娱乐集团副总裁周晓鹏所说的:"大鱼号得到阿里巴巴的技术能力和数据能力支持,同时享有阿里文娱的生态资源,能够充分从内容生产、用户触达、商业化三个层面赋能内容创作者。"不仅是大鱼号,其他短视频平台都在这三个层面上给创作者提供了支持,因此,短视频风口拥有极强的优势。

巨大红利促使短视频成为风口

在短视频平台上创业的有团队,也有个人,团队为了制作出优质视频,需要认真策划选题、编排、拍摄、后期剪辑、上传等,而个人创业者只要有创意就可以付诸实践。上传视频之后,由于平台具有去中心化机制，优质视频都有可能成为爆款，而爆款视频会迎来广告商、企业等的合作意向，可以说，只要在短视频平台上火了，就有机会赚钱。

另外，有的平台会给予创作指导和版权保护，后台数据还会根据用户需求精准发送相应内容的视频，所以平台的机制非常有利于创业者获取粉丝、消费者，这相比于以往的营销模式更加有助于创业者收割红利。

如何抓住短视频风口

内容创业者想要抓住短视频风口，就需要研究短视频的特性，研究什么内容能够满足用户需求。

首先，由于短视频的观众基本上是年轻人，年轻人很注重享受，而且关注的内容非常多元化，所以短视频创业者需要有年轻人的思想，需要深入年轻人生活的方方面面。如果无法深刻体会年轻人的想法，就要建立一支由年轻人组成的团队，经常探讨、分享创意。年轻人的生活习惯不一样，有的是宅男，有的喜欢"二次元"，有的喜欢逛街购物，视频内容越符合他们的审美，就越能获得关注。

其次，短视频制作周期短、节奏快、发布频率高、内容更新迭代迅速，而且可以得到粉丝反馈，这使得短视频的市场风险较小，但是也很容易落伍。比如穿搭类视频必须跟上潮流，吐槽类视频必须紧跟当下热点，所以创业者必须紧密跟进时事、潮流，必要时要和粉丝交流，了解他们的内心动向。比如很多动漫类型短视频的粉丝量就有天壤之别。研究发现，很多2D动画的粉丝量不高，这些动画的画风过于粗糙，动漫人物的表情也很僵硬；而3D动画的粉丝量就较高，一部分原因是3D动画比较少，更重要的是3D动画符合当下的潮流，人物、场景很立体，具有真实感，表情更加丰富，如图1-3-1所示，所以3D动画很容易让粉丝喜欢。

图1-3-1

最后，内容创业者需要建立自己的壁垒，有了壁垒，其他人不能轻易模仿，自己才能一直站在风口上。最简单的也是最坚固的壁垒就是短视频中的人物，人物具有特色，粉丝就难以流失，比如钟婷、幺妹儿、柚子cici酱等，她们凭借的并不是网红脸，而是性格、内在与正能量等，即使有人模仿她们的视频内容，也无法抢了她们的风头。其他比较坚固的壁垒包括创意、后期制作、独创的动漫角色等，这些壁垒都可以确保视频保持良好的竞争力。

当然，很多创业者在创业之前是很难做出决策的，那些大咖也是在实践中不断总结经验，最后才站到了风口上。对于想要在短视频领域中创业的人来说，既然短视频门槛这么低，何必犹豫不定呢？勇于尝试，说不定就能在风口上飞上一阵。

4. 跨类别竞争，差异化经营

由于短视频涉及生活的各个方面，也和其他功能有不同程度的融合，所以很多互联网公司都开始开发短视频应用，这造成短视频行业竞争非常激烈。另外，由于短视频应用中有直播功能、音乐板块等，所以其他应用也受到了剧烈冲击。这些平台目前面对的是怎样的形势，又该如何破局呢？

跨类别竞争：对手林立

在短视频出现之前，各类应用几乎都有自己的主要功能，比如音乐软件的功能就是播放音乐，竞争对手只有同类产品。在短视频出现后，因为短视频通常需要背景音乐，所以播放音乐成了短视频应用中的一项重要功能，用户就没有必要再打开音乐软件了。此外，短视频应用上还有热搜、直播等功能，这些综合性的功能让用户在一个应用中就可以达到自己的娱乐目的，用户留在短视频平台上的时间也就延长了。

用户的流失给功能单一的软件造成了困境，它们看到了对手的强大，设法在激烈的竞争中谋求生存，比如新闻资讯应用、直播应用、长视频应用都开设了短视频，所以短视频应用也面临着这些应用的巨大压力，这就形成了跨类别竞争的状态。

差异化经营：以变取胜

为了在激烈的竞争环境中获得生存，短视频平台提出了差异化经营策略。在短视频行业内，各个平台提出了互不相同的理念，比如美拍的理念是引领潮流，快手的理念是每个普通人都有展示自己的机会，抖音的理念是着重推荐美好的、高质量的视频，有不同需求的用户就会选择不同的平台。

而在不同类别应用之间，短视频平台也要走差异化经营的道路，因为其他应用本身主打的功能是资讯、直播等，在这些方面它们已经有很强的竞争力了，短视频应用是不能沿着它们的道路走的，只有做出差异很大并受用户喜爱的功能，才能具有竞争力。比如抖音刚开始做的是音乐短视频，而音乐平台上可以搜到大量的音乐，还可以看MV，所以必须要有差异，它的差异性就表现在只截取音乐的高潮部分，而一遍遍地循环播放更让用户听得过瘾。

当然，平台所设定的差异性要从用户需求出发，很多平台要根据内部数据和第三方数据来分析用户习惯和需求，然后再据此设置相关功能和板块。比如，新闻类应用上会有热点事件、现场直播等板块，还有许多分类。短视频平台不是新闻频道，没必要对新闻进行细致分类，而根据用户关注热点的需求，只将热点新闻短视频按照热度排序即可。

这种差异化经营既可突出主要功能，又能顾及辅助板块，重要的是让用户感到这种方式更加便捷，更符合自己的浏览习惯，这样才能留住用户，谋求更好的发展。

后来者必须寻求新模式

短视频头部平台几乎吸引了90%的流量，留给尾部平台的用户不多了；不仅如此，尾部平台上的视频质量远远不如头部平台，所以这些平台面临的压力更大。

这些平台为了破局，只能坚持主打某一类内容，并在内容上与头部平台产生更大差异。比如很多美食App主打的就是美食，头部平台由于时间限制，只能呈现美食制作流程，美食App就可以制作差异化视频。不仅可以拍摄美食，还可以拍摄与美食相关的旅游景点、美食达人、生活情调等，平台还可以和知名餐厅、传统酱料艺人等合作。内容创作者也可以利用差异化运营来变现，虽然这些尾部平台用户量少，但是粉丝很精准。比如一些美食App的用户不仅学习制作美食，还会在平台上订餐，创作者本身就是厨师或者与厨师合作，制作短视频只是为了吸引粉丝，主要的还是美食服务，所以变现率比头部平台要高。

用户的欲望是永远都无法满足的，当人们看惯了美食、高颜值之后，有人用纸板制作液压挖掘机模型都能火，这说明用户市场的潜力还是很大的，创作者还有很大的开发余地，而变现途径就蕴藏在其中。

现在，抖音、快手上涌现出很多类型独特的视频，比如有人拍摄海底世界，有人搭建房屋模型，这都是特殊行业的视频。这些视频的背后有一整条产业链在支撑着，他们的变现模式是从长远考虑的。

因此，创作者可以从自身行业出发，来思考怎样制作差异化内容，而制作成功了，还能得到自己行业的支持。比如有个创作者是葡萄酒厂的员工，拍摄了很多具有创意性的葡萄种植园视频，获得了大量关注，酒厂也从中看到了商机，支持他继续创作。

由此可见，短视频领域虽然已经十分广泛，但是后来者还是可以占有一席之地的，只要创作者能够找到差异所在，就可以具有一定的竞争力。

5. 短视频"出海"成趋势

随着国内市场的饱和及竞争的日益激烈，短视频走出国门成了必然趋势，很多平台在国外都有了海外版，某些头部创作者的视频在国外也取得了一定的热度，而且引来了一大批海外创作者，国内的很多创作者也开始摩拳擦掌，想要进军海外谋发展了。

海外火爆的短视频，有一半是中国制造

据调查，风靡东南亚的短视频应用中，几乎有一半是中国公司开发的，比如抖音的海外版Tik Tok、小影的海外版VivaVideo、快手的海外版Kwai Go等，这些应用经常能进入视频应用Top10的前三名。某段时间的排名如图1-5-1所示。中国公司制作的软件的下载量具有压倒性优势，其他国际上知名企业旗下的软件无法与之抗衡，比如Twitter旗下软件、Facebook旗下软件的下载量还未达到Tik Tok下载量的10%。

图1-5-1

抖音的海外版Tik Tok是所有"出海"短视频应用中的佼佼者，2019年前9个月在世界范围内的下载量超过10亿次，有时可以排入世界下载榜的前三名。Tik Tok的用户可以将视频发布到平台上，也具有和抖音一样的视频编辑工具，很多用户被平台上富有创意的内容所吸引。据调查显示，海外用户每天浏览Tik Tok视频的时间已接近一个小时，几乎每个用户每天都会打开应用。

地缘文化促进短视频海外布局

调查发现，东南亚是短视频应用使用最多的海外地区，这些地区受中国文化影响很深，地缘文化较为接近，所以更容易接受短视频。

据统计，这些地区中来自中国的短视频应用几乎占了一半，抖音、快手、小影、火山小视频经常在前三名中出现。这些平台有的采取自建模式，有的采取自建与投资结合模式，为了赢得海外市场，它们还会与当地政府合作,或者吸引当地网红来制作视频,这为短视频的传播铺平了道路。

小影:海外反哺国内的战略

小影这款应用主打的是视频剪辑,但也有短视频板块,在国外的名声很响。目前,这款视频的用户集中在东南亚和南美洲,在视频类应用排行榜中经常能进入前五名。因为东南亚和南美洲的视频技术不发达,专业视频剪辑人才比较少,所以专业视频剪辑软件用得也较少。而小影的视频剪辑功能很容易上手,用户自己操作几遍就能理出头绪,制作完视频之后,这个应用还能上传视频,用户必然喜欢使用这种"一条龙服务"的应用。

相比于国内的短视频巨头来说,小影平台上的短视频数量较少,用户也不多,所以视频的点赞量、评论量也不高。然而,有了海外市场,小影将海外优质视频引入国内,必然会吸引一定量的粉丝,这也是一种海外反哺国内的战略。

走出国门面临的竞争和挑战

Tik Tok的火爆也引来很多国外软件的效仿,比如Facebook就模仿Tik Tok推出自己的一款软件,但是竞争力不高。由此可见,Tik Tok在国外的竞争力非比寻常,虽然还面临着一些质疑,但是其海外布局的前景是被看好的。

虽然有利条件让短视频走出国门有了底气,但是短视频面临的挑战也是较大的。

首先,短视频变现依然是难点。国内的很多运营者和创作者都会面临变现的难题,海外的运营者也有同样的难题。在国内,头部运营者变现的方式主要是出售商品、出售广告位、做直播,但是这些变现方式都有不稳定因素,比如出售的商品必须让用户信赖,并认为价格合理,做直播必须能"自嗨",能和粉丝聊得起来,很多头部运营者都认为这些变现方式很难。在海外，东南亚地区相对比较贫穷，消费并不高，所以短视频在国外变现是难上加难。

其次，要熟悉当地文化。虽然东南亚与中国有地缘文化，但是依然存在很多文化差异，这些文化差异包括政治、社会、风俗等众多方面，可能一些细节问题都会成为发展的障碍，比如某个视频内容与当地的习俗相矛盾就会引来舆论谴责。

虽然困难比较大，但很多创作者的视频也走出了国门，比如"办公室小野""大胃王密子君"等，这说明海外用户也非常喜欢他们的视频，所以说走出国门是不可阻挡的趋势。研究发现，国外用户依然是年轻人居多，他们对外国文化很好奇，很多人对中国也充满了向往，所以具有中国文化的视频必然能够引起他们的兴趣。想打开国外市场的创作者可以拍摄中国的建筑、衣饰、风俗等，必能收获一定的流量。

在国内短视频领域爆满的当下，走出国门的战略必然会给创作者、企业等打开一扇窗。谁能打开思路，在海外淘到第一桶金，我们翘首以待。

6. 短视频井喷，知识类短视频或成下一个风口

2019年3月，抖音放出重磅消息：将对指定创作者开放5分钟长视频权限。很多人好奇指定创作者是哪些人，经证实，这些创作者是抖音科普顾问团成员和抖音科普大赛晋级队伍。有人结合现在的短视频行业趋势，认为在短视频角逐的下半场，知识类短视频或许会成为下一个风口。

随着社会的发展，人们在生活、工作中需要了解很多专业技能、规则等，有了需求，就会有供应，所以知识类内容应运而生。据统计，在

短视频平台上点赞量靠前的短视频类型中，科普类的平均点赞量非常突出，如图1-6-1所示，所以从用户喜好分析，科普类短视频的发展潜力是巨大的。

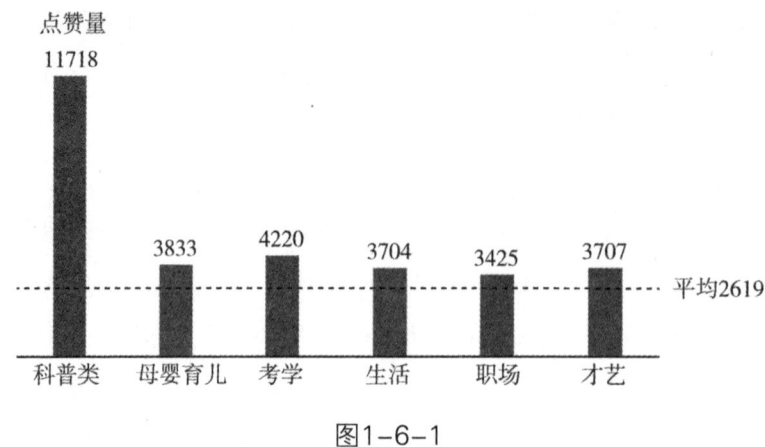

图1-6-1

秋叶Excel——优质视频创作者

截至2019年7月底，秋叶Excel的粉丝量达到了634万多，爆款视频的点赞量能够达到100多万，这在同类运营号中显得很突出。如图1-6-2所示。

图1-6-2

秋叶Excel中的每个视频都有剧情,这些剧情有的搞笑,有的充满机智,会让用户产生乐趣。更重要的是,其展示的专业技能非常实用,是用户经常遇到的问题,操作上的细节也展示得很清楚,不会让用户在操作时感到有疑惑。这些要素是知识类短视频必备的,秋叶Excel的粉丝量很多也就理所当然了。

知识类短视频魅力何在

短视频能够广泛传播,就在于它具有即时性、趣味性、过程性、通俗性的魅力。

(1)即时性。知识类短视频在短时间内可以展现最有用的知识与技能,可以节约学习者的时间;另外,用户观看短视频学习起来很便捷,可以在任何场景下观看视频,学以致用。

(2)趣味性。知识类短视频中出现高颜值网红、著名专家学者或者逗趣素人都会营造亲和力,很多用户难以接受枯燥的知识,但是看到这些有亲和力的人,就会充满乐趣地开始主动接受知识。

(3)过程性。在过去,知识主要是通过图文传播的,图文形式会给接受者造成理解障碍,比如DNA转录过程、月相变化过程等,短视频可以让这些过程展现出来,从而让学习者一看便懂。

(4)通俗性。有些人接受不了高深的知识,因为这些知识用到了很多专业术语,或者语言太过晦涩。短视频创作者为了吸引粉丝,必须将这些晦涩的语言通俗化,这就让知识走下神坛,融入普通人阶层,非常有利于提升大众的知识水平。

很多互联网巨头都认识到了这种传播作用,开始发力打造知识类视频平台。比如百度将"秒懂百科"升级为"秒懂视频",还组建了"爱芝士生产者联盟",专门运营知识类短视频。其他平台也推出了知识类短视频板块或者系列,粉丝量增长规模极其可观。

知识类短视频的发展不靠贩卖焦虑

知识类内容的出发点本来是为用户解决问题，与用户交流经验，比如英语知识、与领导相处的注意点等。然而，只要有利可图，就会有人来捞金，这些淘金者会利用用户的焦虑心理大赚一把，但他们的内容未必有"料"。他们的内容标题往往是"7天学会……""10天打造……"，价格也往往很诱人，但是用户购买之后发现这些知识产品几乎没什么帮助。此外，这些"垃圾食品"还把市场搞乱了，人们都争相做来钱快的内容，很少考虑精品内容了。

短视频的出现可以在很大程度上规避这种投机运营，因为之前的知识内容只能让用户看到包装，用户付费之后才能了解内容，而短视频能够让用户直观判断里面的知识有没有用，而且短视频垂直性很高，实用性程度可以从用户点赞量看出来，所以无用的理论知识几乎没什么市场。

此外，在短视频平台上，具有高水平的创作者才能进入头部，特别是众所周知的学者、大师，他们更能获得用户的信赖。这些因素都让浑水摸鱼的"江湖骗子"无法容身，所以知识类短视频的发展不是靠贩卖焦虑，而是真正有"料"。

知识类短视频变现的探索

制作知识类短视频的最终目标当然还是变现，变现方式不一定是卖短视频，目前最普遍的变现方式还是广告代言、电商、内容付费等。

由于短视频内容是用户所需求的知识，很多用户观看短视频就足够了，不会再购买相关商品，所以很多运营者会拉赞助，并在短视频中植入广告，这种方式是目前较为稳定的收入方式。

有些运营号的商品和视频内容无关，这些运营号一般粉丝较多，粉丝在商品橱窗中会看到洗面奶、床上三件套等，出于对创作者的信任，粉丝们会购买这些商品。

有的运营号除了在商品橱窗中出售相关书籍、在线课程外，还会将粉丝引流到自己的平台，在自己的平台上完成变现。

除了以上较成熟的变现方式，运营者还可以根据自己的行业、产品来构想新的变现方式，比如出售服务，为有需要的企业做员工培训等。其实，这种方式很早就有，比如很多学校会聘请专业团队为学生做演讲、讲座、进阶培训等。

7. 短视频告别野蛮生长，进入精耕细作时代

任何事物的发展过程都是优胜劣汰的过程，短视频也不例外。短视频刚刚兴起时，各个平台上充斥了大量不良信息，经过国家与平台的大力矫正，目前短视频正在告别野蛮生长，优质内容成了吸引粉丝的主要因素。

"鬼畜"要完，恶俗要黄

由于短视频具有巨大的商机，也可以让人一夜成名，所以不可避免地出现各种问题。很多不良创作者会利用人们猎奇、本能欲求的心理，大肆生产色情、早孕、危险动作、抄袭恶搞等内容，这些"鬼畜"、恶俗信息让人血脉偾张，特别是会对青少年产生误导，让他们燃烧青春荷尔蒙，也让他们的价值观产生扭曲，更会诱导他们犯罪、模仿危险动作，而且这些乱象会让正常的短视频无法保持自己的竞争力，所以这种内容受到了相关部门的大力查处，各个平台也开始建立、完善自我监督机制，从而营造了一个较为良好的竞争环境。

除此之外，有些创作者为了博取眼球，或者提出了一些不良观点，或者拍摄了一些不良情景。比如有个孩子弄坏了别人家的钢琴，有人认为应该正面教育，也有人认为要放任这孩子继续破坏，等到他弄坏商场里的钢琴，坐看他的家长赔钱。这种观点如果大肆传播，社会岂能正常

运转。那些不良情景也会让用户模仿，而模仿的人很容易受伤，特别是小孩，而且这些内容的危害性较为隐蔽，一时间不能估计到它对人的毒害性。各个平台由此加强了审核力度，从而使这种野蛮生长现象受到了遏制。因此，有人说恶俗终于要黄了，"鬼畜"要完了。

坚持打造高品位内容的"一条"

"所有未在美中度过的生活，都是被浪费了。"这是"一条"短视频的个性签名。一条科技有限公司的短视频主打情怀，其创作的视频往往有一种纪录片的味道，能给人高品质的享受。

虽然文艺清新类视频的受众面比较窄，但是"一条"平台依然获得了大量的粉丝，这与它创作的优质内容是分不开的。观看"一条"的视频可以发现，它的视频内容涉及生活的方方面面，有古建筑，也有现代人的蜗居；有外国情调，也有国内的市场；有明星，也有手工艺人。这非常符合它的定位："每天一条原创短视频，每天讲述一个动人故事，每天精选人间美物，每天和我一起过美好的生活。"

想要打造高品位的内容不仅离不开发现美的眼睛，还需要后期的精心制作。"一条"视频的时长虽然很短，但是后期制作的时间将近一天，视频里的每个细节还要打磨好几天，所以它的视频会呈现出精致的画面。如图1-7-1所示，老房子都能拍出典雅的气息，所以点赞量很高。

图1-7-1

由此可见，创作者想要在短视频领域谋求长远发展，是不能走抄袭恶搞的路子的，更不能生产低俗内容，而是要树立自己的品牌，打造优质的内容，只要内容足够优质，实现长久盈利是水到渠成的事。

优质内容的标准

短视频最基本的标准是价值观、导向性要正确。虽然短视频主要是用来娱乐的，为用户带去视听享受，但是如果价值观、导向性有问题，肯定会受到一部分用户的厌恶，甚至受到平台的删除或者封号处理，所以创作者不要刻意追求新鲜、刺激、与众不同，发表内容之前先想一想这对用户有没有不良影响，对他人负责也是对自己负责。

短视频的画质、构图、后期制作都需要精心打磨，这是短视频的硬件要求。这可以用电影来做类比，那些获得奥斯卡奖、金马奖的电影必然在画面处理上有过人之处。虽然短视频要求制作迅速，但如果镜头处理不到位，肯定不能受观众喜爱。

最重要的一点是短视频中要有能够打动人心的点，以"一条"短视频为例，它里面的美物、美景、情怀都会戳中文艺青年的内心，有些贴近生活的内容更会戳中人们的泪点，获得人们的认同，因此获得了大量的关注与转发。打动人心的点还能激发用户的购买欲，比如有些情商类视频的创意很好，正是用户平时交流需要的，而它的商品橱窗里是情商类书籍，用户很欣赏视频，书籍的销量也很高，由此带来了可观的收入。

8. "短视频+"时代来临，你准备好了吗

现在，短视频的火爆程度可以说是一时无两，它已凭借广泛传播的特性成为当下备受瞩目的商业模式。而到了"短视频+"时代，众多创

作者更是让短视频有了更多功能，与众多领域进行了大融合。

短视频+电商

电商平台上的短视频本来是营销的一种手段，而到了"短视频+"时代，电商却要依赖短视频才能大量"带货"了。例如抖音就带有商品橱窗，在短视频中还会跳出视频同款商品。对比发现，短视频平台的"带货"能力确实很高，有些同类商品在短视频平台上的销量比电商平台要高得多，这是因为短视频能够展示商品效果、细节等，比如女生穿搭类视频中很多衣服看上去很漂亮，比电商平台上的模特图片更加真实，而购物链接就在视频中，这会激发用户立即下单，所以"短视频+电商"的模式给电商带来了巨大的利润。

再者，电商平台上的粉丝不固定，粉丝只为购买商品而关注商家；而短视频的粉丝是出于对创作者的喜欢，而且粉丝量众多，这些粉丝都可以转化成消费者。所以"短视频+电商"的模式将是电商未来探索的主要方向。

短视频+知识付费

不知不觉，人们已踏入知识经济时代，各种技能需求让人们感觉自己的专业知识技能根本不够用，而由此产生的知识付费经济由于效果未知，用户也会感觉没有必要花费金钱购买知识，所以收益不是很理想。短视频出现以后，人们发现短视频也能够刺激用户为知识消费，由于短视频体量小，每个视频中只能出现有限的知识技能，用户想要得到完整、系统的内容就需要消费，而且传统的知识类视频需要先购买才能观看，短视频可以先观看部分内容，这样就可以让用户确定这是不是自己想要的东西。

另外，短视频由于内容有限，会刺激用户购买完整内容，比如英语短视频，每个视频中出现的单词、语句很有限，有大量需求的用户是无法满足的，这些视频中会有App链接、知识产品购买渠道等，有需求的用户就会点击消费。

短视频+招聘

就目前的就业形势来说，各个地区、单位的人力资源分配得不是很平衡，人才大多聚集在大城市、大企业，偏远地区的企业无人问津，中小规模企业人才缺乏，虽然智联招聘等招聘网站有大量的企业信息，但是纯文字信息无法让用户了解更多。短视频可以真实呈现公司环境、员工状态、工作内容等，也可以展现求职者的职业素养。

但是，目前短视频求职信息和招聘信息仍然较少，除了颜值要求较高的职位会有短视频简历投递外，其他职业尚处于探索阶段。不可否认，其他职业应聘者一是缺少短视频制作技能，二是还没有明确从哪些方面展现自己，三是怕暴露自己的缺点；而各个企业担心视频会泄露公司机密，而且拍摄视频需要构思内容，需要花费人力、时间成本，所以大部分企业还没有考虑过制作短视频招聘信息。

虽然"短视频+招聘"这种模式还有待探索，但是可以想象短视频必然可以成为新的招聘形式，因为传统的文字简历、招聘信息的真实性较难判断，而且写、读文字信息会让求职者和招聘人员耗费大量的精力，而短视频的直观性可以大大节省人们的时间。除此之外，通过短视频还可以看出应聘者的性格特点，这对招聘人员来说相当便利；而有些职位需要有创意技能，比如设计岗位，求职者可以用视频表现自己，招聘人员也可以精确判断求职者是否合适。

因此，随着短视频的逐渐普及，招聘方式肯定会发生一系列改变。

"短视频+"的新玩法

随着短视频逐渐深入生活的每个领域，总有人会想出短视频的新玩法，从而出现了花样百出的内容。这些新玩法可以归纳为三个层面：内容嵌入、功能嵌入和战略嵌入。

内容嵌入就是利用短视频来宣传主题内容，比如在短视频中植入广告就是最常见的形式。有一个视频内容是甲向乙介绍游泳健身项目，而乙一直用英语说自己不理解甲的意思，甲只好悻悻地离开。但是乙却用汉语叫住了甲，对他说："你不会英语，业务都没法开展，有没有兴趣到我这个培训机构学习英语？"这种有剧情的广告植入会让用户有较深刻的体验。所以创作者可以利用内容嵌入来推广自己的公司、美食等。

功能嵌入是将短视频功能嵌入软件之中，并不单独将短视频作为一个应用，比如招聘应用中加入短视频功能，这可以增加平台的用户人数。

战略嵌入是利用短视频的热度，在平台上加入短视频功能，并在此基础上体现企业要进行战略扩张或重组的目的。比如微信平台上线的短视频功能就体现出微信有战略扩张倾向。

无论哪种新玩法，短视频都要依靠优质内容，在"短视频+"时代，各行各业都纷纷入驻短视频平台，或者自己经营平台。在这种大潮下，创作者们，准备好了吗？

第二章
定位：直接决定未来的涨粉和变现方式

1.平台定位：选择你的短视频战场

随着短视频的火爆，短视频应用也是层出不穷。然而，这些应用为了挤占市场，各有各的功能与机制，所以短视频运营者想要最大限度地推广、变现，就要选择好短视频平台。

目前，比较火爆的短视频平台有抖音、快手、西瓜视频、火山小视频等，截至2019年7月底，这些应用在苹果手机端的下载量均已超过百万次，但是数据差异性很明显，那么运营者到底要怎么选择平台才能收获大量关注呢？我们以这几个应用为例来进行分析。

抖音

抖音应用在苹果手机应用商店里的定位是摄影与录像，下载量排名第一，它的口号是"记录美好生活"。抖音本身的定位是音乐创意社交软件，每个用户都可以上传视频，用户可以通过视频软件选择歌曲、道具等拍摄自己的视频。此外，抖音对视频时长一般限制在15秒之内，较长视频的时长为1分钟。

由于抖音的火爆，多家机构、企业、政府部门也开始制作短视频宣传自己，这就促进了抖音平台要做成综合性平台的目标，所以抖音的微信公众号发布了关于制作科普、非遗等视频的文章，以此吸引众多创作者。所以创作者无论制作哪种视频，都可以考虑发布到抖音上，但需要注意的是视频时长问题。

当然，运营者根据自己的目的和视频类型，也需要对抖音的数据进行分析，比如用户的男女比例、年龄分布、地域分布等。抖音上的用户女性比例较多，年龄一般是20~30岁，这说明时尚美妆视频有很大的市场。

快手

快手和抖音一样，都是综合性平台，用户可以发布视频记录自己的生活。快手定位的用户是二、三线城市的人们，这些人占了全国人口的很大比例。快手和抖音的推荐机制有所不同，抖音是流量池机制，快手是交互影响机制，也就是说，快手只会根据用户的喜好来推荐相关的内容，而没有推荐人气高的视频这种机制。

由于这两个平台都是数一数二的，运营者就不必太过于纠结应该在哪个视频平台上发布视频了。它们之间的差别只是细微之处，比如，相比于抖音，快手更受男性用户青睐，所以在快手上发布军事、财经等类型的视频会有更多的用户。

西瓜视频

西瓜视频是字节跳动旗下的视频平台，它的口号是"给你新鲜好看"。西瓜视频的视频类型主要是音乐、美食、时尚、影视、游戏、文化等，这些主打内容有很多头部运营者，而其他类型比较小众化。类似于抖音，西瓜视频在视频播放时也会有推荐商品，这些商品是视频中商品的同款，这有利于为创作者带来收益。

和抖音、快手一样，西瓜视频也有直播。不过抖音、快手的直播位置比较隐蔽，是短视频的附属功能，而西瓜视频的直播位置比较明显，用户用西瓜视频看直播是该平台的一大优势。

特别需要注意的是，西瓜视频的游戏视频非常火爆，运营者如果做的是游戏视频，就要选择西瓜视频了。抖音用户女性较多，她们对游戏不是很感兴趣，而男性用户也很少会选择抖音看游戏视频，因为时间较短，无法引起他们的打游戏冲动，这就是游戏视频创作者要做的定位。

另外，西瓜视频还可以免费指导视频创作，这对没有经验的个人运营者来说是非常好的学习机会。

火山小视频

火山小视频对于年轻人也是很有吸引力的，和抖音一样，它的视频时长也是15秒，也可以添加文字涂鸦特效。而它主要吸引用户之处是美颜滤镜、快慢镜头等强大的功能。这款软件容易上手，发布视频之后可以浏览其他同类视频，这就可以研究自己视频的不足。这款软件的互动性也很有优势，朋友之间可以相互评论发布的视频。发布完视频之后，平台会给予运营者"火力值"，这可以促进运营者持续创作，而且如果视频的人气越高，"火力值"就会越高，而"火力值"可以变成现金收入，这对运营者是不小的奖励。

其他短视频平台还有美拍、秒拍、小红书等，各有各的特点。运营者需要根据这些平台的特点进行选择。只有定位好平台，才能将自己的视频借助平台的东风推广出去。

2.目标群体定位：找到属于你的精准粉丝群体

短视频平台上每天人来人往，然而大多数人只是看看热闹，这里面有很多人会一去不回，也有人兜兜转转，在几个同类视频之间犹豫不定，还有人想找却找不到自己希望看到的视频，这些视频的粉丝就明显不够精准。用户定位不精准，会影响粉丝数量、变现等问题。那么，怎样找到属于你的精准粉丝群体呢？

用户需求的类型

我们创作短视频要以用户为中心，以需求为导向，然而，理解用户需求看似简单，而实际上很困难，因为用户是不同的人，在心理、行为等方面都有很大的差别，表现出来的需求也是真真假假，虚实难辨。运营者如果没有判断清楚用户的真实需求，就无法"一网打尽"所有用户，只能寄希望于"一网不捞鱼，二网不捞鱼，三网网住个大尾巴鱼"。

对于用户需求，我们经常会听到"痛点"的说法，痛点就是用户最直接的需求，比如有些用户在搜索时会搜"搞笑""美妆"等，这些就是他们最直接的需求，直接需求表现得会很明确。而有些用户在看短视频时就很盲目，连着翻过十多个视频，却没有一个中意的，自己也不知道想看什么。这说明他们的需求比较隐性，这时就需要运营者采取手段来引导他们。比如有人看美食类视频，他的需求不一定是学习做美食，有可能是他想吃美食不知道吃什么好，也有可能是他想找一款容易上手的美食在女朋友前露一手；或者有人在工作中遇到难题了，需要用PS来操作，而自己不知道专业术语怎么说，只能轮流看相关视频，这些情况下，运营者就需要考虑设定标题和关键词是什么了。

深度挖掘用户需求

对于直接需求，运营者很好把握，只要在网上搜索数据、分析数据就可以得到，比如运营者想做关于汉服的短视频，上网就能看到有很多人希望汉服继续发扬光大，而且很多年轻女性会选择购买汉服，而同类视频也不在少数，所以这个定位可行。

而对于隐性需求，运营者就要做更多功课了。依然以汉服为例，很多外行也会看这类短视频，但是他们并不懂汉服，也没有购买的需求，那么他们的需求是什么，利用调查分析都未必能得出结论，当然评论区会有留言说明这些用户是冲着主播的颜值来的，或者是抱着其他目的观看的。这时，我们可以打开用户的个人主页查看他们的信息，可以得到他们的年龄范围、他们喜欢观看的视频类型等，但这些信息依然达不到我们的目标，我们有必要实地考察和自己思考用户的需求。

我们可以在实体店等地方采访汉服买家，但是这些买家一般会说汉服带着仙气、弘扬中国文化等，所以采访对象不应是这些买家，而是陪他们一起来的人。这些人没有购买需求，但从他们的话里可以得到一些信息，再经过自己综合分析，可以发现这些人是买家的闺密、男友等，如果他们观看视频，一般是在为朋友找漂亮的服装。而喜欢汉服的人有些未必了解汉服，他们看短视频的需求是了解汉服的文化。还有少部分人有社交的需求，他们身边的人有喜欢汉服的，他们天天都在谈论汉服，而自己如果不了解的话，就会被他们屏蔽。针对不同人的需求来制作短视频，就能够收获精准的粉丝群。

由此可见，用户需求也有很多种，有审美需求、社交需求、了解需求和购买需求等，以用户需求来设定视频内容，就可以精准吸引用户。比如注重颜值和衣服款式等，就能吸引有审美需求的用户，然而这就照顾不到有社交需求和了解需求的人；如果在视频中加入介绍的内容或识别假货的内容，有可能显得很枯燥，不能满足有娱乐需求的人，毕竟社交需求也是娱乐需求的一种，此时创作者就可以在剧情、反转等方面进行处理，这样就会吸引更多的用户。

3.优势定位：找到你擅长的领域

很多运营者在定位自己的视频方向时，不知道拍摄什么内容，或者看到头部"大号"的内容很不错，就跟风制作。但是，papi酱做搞笑吐槽类视频，柚子cici酱做美妆类视频，一禅小和尚做情感类视频，他们能够成为头部"大号"的原因是他们擅长这些领域，跟风制作的运营者恐怕只看到了市场，而没有考虑自己能否胜任。还有人只有大致目标，比如要做娱乐方向，但是娱乐包括电影、搞笑吐槽、访谈等方向，这让他们落入难以选择的境地。

第二章 定位：直接决定未来的涨粉和变现方式

其实，运营者选择方向时，完全没必要跟风头部"大号"，只要找到自己擅长的领域就能激发自己的潜力。有些人在短视频领域坚持不下去，并不是因为他们资金出现问题，而是定位没有做好，做到后面，自己感觉很挠头，感觉越来越不擅长。而有些创作者的视频就是根据自己擅长的领域来做的，从而收获了不错的成绩。

硬核原创视频

想要在抖音上打出一片天下，牢牢抓住用户眼球，必须要有硬核原创。因为人们都喜欢新鲜、有趣、有价值的内容，假如总是坚持"拿来主义"，转发别人的东西，时间久了自然会让用户产生审美疲劳，最终背弃我们。而硬核原创，才能保证用户的新鲜感，才能在持续给予价值的过程中不断提升用户的忠诚度，促进他们更狂热地分享转发。

（1）敢于亮出自己。抖音上，敢不敢于亮出自己，已经成了原创和非原创的最明显区别，当我们以一种用户喜爱的形式出现在短视频中时，我们本身也就成了一种原创名片。如图2-3-1所示。

图2-3-1

（2）做出兴趣点。原创要做出兴趣点，才能抓住用户眼球，被转发分享的概率才会最大。"抖音"上还有很多影视后期制作达人，其中，"阿喜哥"用软件合成的视频达到了以假乱真的程度，他经常会设计扑克牌"直升机"风筝、"鸽子"风筝等，这些风筝其实是合成的，但是放到了真实场景中，竟然让人分辨不出真假。如图2-3-2所示，他还做了一辆麻将牌"坦克"，这辆坦克来去自如，与场景融合得天衣无缝，很多人都以为是真的。

图2-3-2

做自己擅长的才能长久

可能有人认为这些达人的才艺是普通人学不来的，但是每个人都有自己擅长的东西，根据自己擅长的东西来做短视频，就能够吸引没有这方面特长的粉丝。比如有人擅长瑜伽，有人擅长唱歌，有人擅长书法，有人擅长魔术，有人擅长打游戏，只要按照自己喜欢、擅长的领域创作视频，就能长久坚持下去，而且自己喜欢的领域会不断给自己信心，让自己越来越专业。

短视频吸引粉丝的原因就在于满足了粉丝的需求与欲望，或者展现出粉丝不擅长的内容，让粉丝大为惊艳，就会点赞。

不过，有人会说，自己擅长的东西并不是出类拔萃的，在众目睽睽之下，很容易让人看出破绽，就像是唱歌唱破音，很容易让人听出来，这些对自己的打击会相当大，反而会让自己提前退出短视频领域。

这种顾虑是大多数人都有的。那些优秀的创作者经历了很多年的学习和磨炼，自然胜人一筹。普通创作者只要坚守自己的初心，不断努力学习，就会有进步，虽然受批评的次数会大于点赞量，但这也证明自己被关注了，如果自己躲在安全港里，没有受过委屈与指责，别人也难以注意你，在视频领域，没人注意才是真的没发展。

如何找到自己的优势

要找到自己的优势，可以从"想做什么"和"能做什么"来考虑。其中，"想做什么"就是自己的兴趣爱好，或是自己认为有意义的事。比如自己的兴趣是打球，就可以创作运动类视频，如果自己喜欢跳舞，就可以拍摄舞蹈视频，只有自己喜欢，符合自己的价值观，才会坚持做下去。有些人的兴趣爱好比较多，那么就需要找准自己最难以放弃的那个爱好。这时可以给自己的爱好排序，可以列出什么因素会让自己放弃某项爱好。比如有人喜欢打球、画画、看电影等，可以考虑加班的情况下没有做哪项会让自己很焦虑，或者长时间做哪项会让自己腻烦，自己最不愿放弃，也不会感到腻烦的爱好就是自己最能坚持到底的爱好。

"能做什么"可以从自己的性格和能力出发，比如有人的思维比较程序化，适合做一些有程序规则的视频，如知识技能型视频。而能力是自己做这类视频能不能做到效果很好的程度，比如有人的专业是表演，就可以创作有剧情的视频。

4.风格定位：你是卖萌的活泼型还是端庄的严肃型

短视频的风格是通过背景、人物、剧情等表现出来的，因此，短视频的风格定位就是确定这些方面的相关要素。

短视频虽然是新的视频形式，但它依然具有电影、电视节目等特性。电影、电视节目已然非常成熟，形成了很多固有的特征，影视栏目的风格是由剧情发展、影像、声音等组成的，可以分为轻松型、严肃型等。而短视频继承了影视栏目的特点，又因为本身时长等特性，具有了自己的风格，比如美食类视频就可以是制作教程、趣味美食栏目、转折式剧情片、高颜值美女大厨甚至是搞笑扮丑节目。那么主播应该是卖萌还是严肃呢？这就要看自己的视频定位了。

轻松风格

轻松风格有搞笑、卖萌、娱乐等类型，搞笑风格的视频很常见，但是定位做搞笑风格的视频之前要先看看自己有没有搞笑的天赋，还有就是视频类型适不适合搞笑。比如舞蹈类短视频也可以搞笑，创作者只要脸部表情夸张，肢体动作比较滑稽就能达到搞笑效果，但是这种搞笑是擅长舞蹈的创作者才能做出来的，一般人想搞笑，可能结果会变成扮丑。

由于轻松风格的视频很多，所以创作者要将视频定位为轻松风格时必须慎重，要看看自己有没有突破点，能不能超越同类视频。比如很多创作者会利用现成的段子，他们会自己创作动漫人物，或者利用影视作品中的素材，但是往往很多视频没人看，可能是动漫形象不够吸引人，比如有的动漫主角是一只小毛驴，但是画得很传统，而且是平面形象，没有新奇之处。

另外，轻松风格的视频如果缺少了人物特点，就仿佛缺少了灵魂，所以很多轻松风格的视频不会特意在音乐、背景等方面投入很多精力，而是设定人物性格为傻萌、精灵古怪等，这些性格会让视频具有看点。比如"祝晓晗"就是具有特色的搞笑系列，而她的另一个账号"老丈人说车"给人物设定的性格就是"蠢萌"，虽然视频内容是学习开车，以及车辆安全方面的知识，但是搞笑让视频有了轻松的风格，所以获得了很多关注（见图2-4-1）。

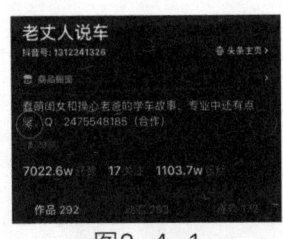

图2-4-1

严肃风格

严肃风格的视频要求详细呈现步骤、操作方式、知识等，对人物性格没有什么特殊要求，所以严肃风格在技能教学类短视频中比较常见，比如计算机技术、美食教程、书法教程等视频。

严肃风格相比于轻松风格不好把握，因为短视频本身是具有娱乐倾向的，严肃风格会让用户感到没有乐趣，但是这也可以过滤掉那些追求娱乐性的用户，留下精准粉丝。

如图2-4-2所示，PS教程的视频往往只会展现操作过程，并重点展示操作细节，所以几乎没有什么故事情节，只会经过简单的剪辑，没有后期特效。可以说，这种视频除了实用价值以外，没有其他方面的吸引力了。

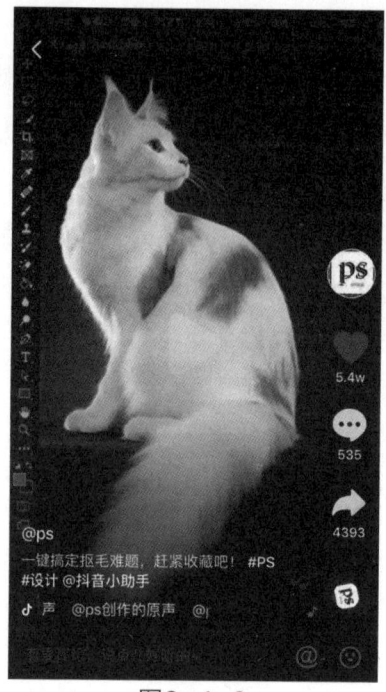

图2-4-2

如何找到自己的风格

创作者在创作一开始就会遇到这样的问题，在确定了视频类型之后，就要确定自己的视频风格，可以根据视频类型、目标粉丝、自己的强项等因素确定风格。其实，这些因素与视频风格没有特别强的决定关系，技能类视频也可以做成轻松型的；而有的创作者希望收获大量粉丝，有的创作者希望有精准粉丝，有的创作者重视技术，有的创作者重视互动，创作者要根据自己的情况量力而行。

有的创作者很活泼，在创作视频时不忘讲段子，而有的创作者比较严肃，认为艺术不允许玷污，他们必然会做出不同风格的视频。那些富有想象情节能力的创作者还会编出花样百出的故事，即使是知识技能类视频都会萌化观众的小心脏；而另一些严肃的创作者照着现成的段子念都可能念成课文。所以创作者可以根据自己的性格与专业来选择风格。

有的创作者很有创意，敢于打破常规，他们做出来的视频就会有灵气；有的创作者比较按部就班，他们做出来的视频就明显有套路，即使是娱乐视频，也会带有一种死板的气氛。所以创作者可以先创作出视频后看看风格是什么样的，如果是搞笑类型的视频都带有严肃的画风，让人昏昏欲睡，就最好不要做这种类型。因为结果可以想见，粉丝量上不去。

5.差异化定位：你和别人不一样的，就是卖点

短视频的广泛传播引来了大量的模仿。虽然有的创作者冥思苦想，在技术、形式、内容等方面有了自己的创意，获得了大量的关注，但是随之而来的是大量的模仿。我们经常可以看到一个创意视频火了之后，各个平台上会出现类似的视频，所以这种创意又会变得很平庸。

因此，怎样创作出具有壁垒性质的差异化视频，已成为创作者面临的一大难题。差异化的目的就是建立壁垒，别人创作不出来，让粉丝只在创作者这里能找到想看的视频。可是，差异化就是做到与别人完全不一样吗？并不是，因为视频类型只有那么多，视频制作方式等也已经基本定型，做到完全不一样谈何容易，所以真正的差异化应该是在别人意想不到的方面、无法操作的方面去寻求突破。达到差异化效果一般有三种思维方式：逆向思维、改变类别、欲擒故纵。

逆向思维

逆向思维就是舍弃一贯的思维方式，重新采取一种与之相反的思维方式，新的思维方式就会产生新的视频内容，而且往往会有很好的效果。采用逆向思维的短视频比比皆是，比如有人发现大众看厌了千篇一律的网红脸，再高的颜值也无法吸引固定粉丝，就采取了逆向思维的方

式,特意让粉丝"审丑",打造慵懒、肥胖、无所事事、吊儿郎当或者猥琐、神经质的形象,而这些形象正好是粉丝的日常生活的真实写照,别的创作者放不下偶像包袱,模仿不了,由此形成了短视频的差异化。

papi酱就是以这种思维方式打开了短视频市场的,在直播还很火热的时代,papi酱以短视频红遍全国,而她在视频中完全放下了美女包袱,以夸张、另类的表情和动作打造了自己的品牌,从而和其他运营者拉开了距离,并因此成为短视频领域里的标杆。

逆向思维的原则是抛掉过去的方式,而新方式也要符合大众需求。大众需求不仅包括猎奇、刺激等,也包括用户内心最柔软的一面,让用户内心为之一颤,感到自己在不知不觉中丢失了很多东西,从而让用户关注。所以,采用逆向思维时,创作者要衡量一下新方式是否对用户造成了积极影响。如果刻意求新而不注重用户需求,也是无法获得预期效果的,比如"审丑"并不是让用户观看奇丑无比的人和事,而是让用户看到他们自己"丑"的一面,如果真的拍摄了一个满脸痦子、眼睛小嘴巴大的人,只会招来用户反感。

改变类别

很多运营者当初创作视频时,竞争压力并不大,但是火爆之后就会引来很多人模仿,而平台也鼓励拍"同款",所以平台上会出现同类视频井喷式爆发的现象,这对原创者非常不利。运营者想要破局重生,就可以采取改变类别的方式,把短视频重新定位、重新归类,让其具有创作壁垒。

对于美食类短视频,用户很可能会看腻,但是,如果将美食类视频改为猎奇类,就会让用户大吃一惊了,这就是"抖音"上的"苗哥美食"吸引眼球的策略。如图2-5-1所示,这位博主的视频都是在靠近山泉的地方拍摄的,案板就放在溪流的石头上,肉、蔬菜都是在溪水里洗涤,烧菜的铁锅就架在溪水旁边。他的视频没有普通美食视频中的布光,只有自然光,所以美食的色泽很自然。他的粉丝除了是看美食的,更多的人是被地点吸引的,评论区里很多人评论:"哥,注意森林防火啊!""我背着一箱啤酒满大山找你,你到底在哪?"

图2-5-1

欲擒故纵

有一些短视频在同类短视频里比较低迷,因为它们不具有其他同类视频的优势,而用户都热衷于那些优势很高的头部视频。这些视频看似没有出路,但是调查发现,不少粉丝看过这些视频后反而觉得不错,那么,这类视频就可以采取欲擒故纵的策略。

很多人会给出这些视频中的看点,创作者可以尽力发扬自己的优势,或者避免和其他视频的优势相冲突,尽力挖掘自己的潜力,但是这都像是拿着自己发明的冷兵器去和先进的导弹、坦克对战,对面来一次扫射,粉丝就被人家拉过去了。而欲擒故纵是故意展示自己的缺陷,看似将粉丝拒之门外,而实际是利用用户的逆反心理将他们紧紧拴住。

比如很多博主会说自己不漂亮,也不可爱,表现出一副很绝望的神态,并让粉丝们"另找下家"。但是她越这么说,粉丝越觉得她比预想的要漂亮,很多人会评论说:"你不漂亮,你不可爱,可我就是喜欢你。"还有人会产生怜香惜玉的心态,鼓励博主说:"你真的很漂亮,不要看不起自己,我们一定会永远支持你。"

可见,这种欲擒故纵的策略可以让创作者在竞争压力大的情况下收获一批忠实粉丝,而且有些用户的叛逆心理很强,视频越排斥他们,他们越想拥有,他们认为这可以体现自己的个性。

差异化定位就是使用一些策略来为自己建立壁垒,让其他视频无法学习,而用户却挤着想进入这深沟高垒,这不仅能提升视频的创意性,还能满足粉丝的猎奇、个性等需求。

6.垂直定位:做好更加精细化的运营

垂直定位,就是确定自己的短视频的类型、内容、风格、人物等,并在此基础上精细化到每个细节的操作方案。比如确定自己的短视频要做动态唯美壁纸,然后再精细化地确定壁纸的风格等因素,如古风、超现实、浪漫、非主流等。垂直性的内容现在已成为短视频行业的主流,并且给运营者带来了很好的营销成果。

短视频行业已经由娱乐性转型为垂直性

传统媒体走向没落的原因之一是用户在被动接收信息,但是用户都想快速找到自己想要的信息,而互联网就实现了过滤信息的作用,所以互联网能够挑战传统媒体。短视频行业刚开始是娱乐化占主导地位,但短视频的娱乐性对用户来说,只能解决一时的心情放松需求,不能满足他们寻找特定信息的需求,如果一直做娱乐内容,或者视频中零零散散地包含专业化信息,就又成了让用户被动接收信息,所以短视频由娱乐化转向了垂直化。也就是说,要做美食内容就一直做美食内容,要做美妆内容就一直做美妆内容,用户看到的视频内容都是他需要的,并且在需要的时候能够轻松找到,他就会关注。

垂直细分也对营销有积极意义。具有垂直性的视频就像淘宝等购物网站,用户可以自己看商品信息,而且观看视频的用户大多数具有共同的购买意向,比如口红试色视频,大多数用户都会有这方面的需求,变现就更加容易。

垂直化的短视频吸引的粉丝可能不如娱乐化的多,但是垂直化短视频的用户很精准,而且有一点是粉丝众多的娱乐化短视频所不具备的,就是用户对运营者很信任。这份信任多半来自运营者的专业化。试想,如果运营者是做娱乐内容的,视频中还会销售衣服等,用户肯定会想这靠不靠谱,而垂直内容只做衣服,对衣服的各种信息都说得很正确,还能根据人的体型、衣服的颜色教用户穿搭,用户自然能够信任运营者。

李子柒——把垂直领域的内容做到极致

随着短视频内容的垂直化,各个平台上涌现出了一批创作达人,李子柒可以说是其中一个典型。如图2-6-1所示,李子柒是美食自媒体达人,她的视频有一种古风和田园的味道,她的形象经常是朴素的古典装扮,她在山林清泉中采摘、洗涤蔬菜瓜果,做美食的地方也是简陋的村舍,这些特点给人世外桃源的感觉。城市中的用户可能会惊奇这个弱女子怎么会想到做这种视频的,其实李子柒就是在农村长大的,这种生活是她最熟悉不过的。

有人认为李子柒和办公室小野一样,都是美食视频,不错,她们之间有相似之处,但是不同点造就了各自的垂直性,从而获得了不同粉丝的关注。用户在观看短视频时,内心是有潜在的猎奇需求的,普通的美食视频即使垂直性很高,比如只做家常美食或者川菜等,但会做这些菜的人很多,垂直性还是不够。办公室小野和李子柒在形式上创新,就提高了内容的垂直性,而且满足了粉丝的猎奇心理,从而吸引了大量粉丝,模仿她们的视频也不少。

图2-6-1

内容垂直领域究竟怎么做

精细化定位,就是争取在一平方米的范围内挖掘一万米的深度。这里的精细化定位包括以下四个方面:

第一,在内容上精细化定位。内容有大致方向是不够的,必须精准聚焦,比如公共空间设计团队不能一会儿设计办公空间,一会儿设计酒吧,一会儿又设计婚庆餐厅,要选择其中一种空间来设计,这样就能吸引来固定客户。

第二,在体系上精细化定位。特别是技能教育类视频中具有体系特征,例如,英语教学视频有口语体系、翻译体系、语法体系等,因为用户适合的体系不同,所以用户会选择相应的视频。

第三,在人物上精细化定位。时尚穿搭视频中经常会有高颜值的主播,这吸引了不少少男少女;而有的运营者专门拍摄情侣穿搭,这吸引了大量恋爱中的情侣或者有恋爱需求的用户。此外,有些创作者会自己制作动漫人物,比如"元宝和香肠",如图2-6-2所示,具有个性的人物会让用户一眼就记住。

第二章 定位：直接决定未来的涨粉和变现方式

图2-6-2

第四，其他相关要素都要精细化定位。比如视频风格、封面、场景等。有些用户忙于工作，很少有机会接触自然、接触乡村，有的创作者专门拍摄乡村景观，也赢得了不少关注。另外，这方面经常会有创新的突破点，比如有的创作者在农村生活，拍摄的内容也是农村风情，他会用废旧轮胎、废旧自行车改造成皮箱、挎包、独轮车等，从而让观众耳目一新。

在短视频时代，用户的心理也更加浮躁。只有在一个方面深入挖掘，用户才有可能极力沉潜。如果范围扩得太大，与其他运营者的内容有重复，用户游着游着就会游到别人的坑里，所以垂直定位是在打造自己视频的壁垒，可以有效保存自己的粉丝，防止别人越界。

7.个性定位：独特的个性标签帮你赢得关注

短视频想要赢得关注，必须具有个性、与众不同，这个个性之处或许表现在形式上，或许表现在风格上，运营者要不断强化自己的个性，让它成为自己视频的标志，让用户一看到这个个性之处，就能联想到自己的视频。

宝阳小可爱——因为个性，所以吸粉

短视频头部"大号"都具有自己的个性，比如一些主播或者能吃，或者力气大，他们凭借这些特点让粉丝深深地记在了心里。比如抖音昵称为"宝阳小可爱"的女主播，力气很大，拎得起摩托车，扛得起木头柱子，翻得了巨型轮胎，很多粉丝认为她是退役军人，但她特别说明自己不是军人。如图2-7-1所示。

图2-7-1

粉丝由此记住了她，认为她是"抖音"上第一女汉子，"女汉子"就是她的标签，大家一看到"女汉子"就能想到她的视频。这位主播还很有创意，会用轮胎做挎包、皮箱，会搭建竹子花房，粉丝经常会进入她的主页看看内容有没有更新,这就是她的个性带来的吸引力。

个人特色是传播和变现的基础

视频形式是最适宜表现个性的媒介,短视频能够直观呈现人物的相貌、性格、语言风格等综合因素,一旦具有了个性,就可以渗透到粉丝的内心,所以创作者要突出自己的独特性,将自己的个性打磨成自己的标志,这就像京剧四大花旦一样,各有各的特色。运营者的视频有了自己的标志,之后的传播和变现就有了基础。

短视频运营者要把自己的视频与某个词密切结合起来,用户看到这个词就能想起你做的视频的时候,就是运营者的成功。很多主播的名字就具有这个效应,有的主持人的口头禅也具有同样的作用,而有的视频已深深地与品牌结合到一起了,有的粉丝一看到广告词就能想到品牌,比如"江小白"的"我是江小白,生活很简单",德芙巧克力的"纵享丝滑",就是他们自己的标签。

短视频个性化一般表现在内容和人物形象两方面,内容方面的个性化是在内容的某些点上做到与众不同,并需要固定这个特点,让其成为视频的标签,如"办公室小野"的个性就是在办公室做美食,人们一说到"办公室""美食",自然就会想到她的视频;人物形象方面的个性化是人物形象具有突出的特点,这个特点能让用户深深地记住,比如"papi酱""钟婷""陈翔六点半"等,人物形象就非常有特点,用户看到相关词语就能想到他们。

从三个方面来挖掘你的个性

个性可以提高自己的辨识度,有些主播就是因为没有个性,脸型都是千篇一律的"网红脸",所以在短视频时代无法吸引粉丝。而很多喜剧演员之所以能吸引观众,让观众经久不忘,就是因为他们具有自己的个性,比如憨厚、刁钻、小心眼、老实等。短视频创作者要想树立自己的个性,可以从以下几个方面来尝试:

一是性格方面。可以塑造机灵、较真儿等形象,很多搞笑类视频就是这样设定人物的。

二是相貌方面。虽然短视频时代,很多人不愿意展现不好的一面,都想把高颜值展现出来,但是具有个性的形象确实会让粉丝记住,比如有的主播会戴动漫头套,有的主播会打造怪异的形象等。

三是风格、气氛方面。有的短视频中会营造诡异、神秘的气氛,用户在一看到视频时,就会被这种气氛所包围,他们可能没有意识到这种氛围的影响,但是看的次数多了,他们就会对这些视频产生印象。

8.需求定位:用卡诺模型找到用户需求,并满足它

创作者在创作短视频时,知道用户观看短视频有很多需求,但是往往不清楚什么需求是最迫切的,什么需求是不重要的。如此一来,短视频可能吸引不了太多粉丝,或者有时候会出现爆款视频,但多数视频效果很一般。有的创作者明白效果一般的视频没有戳中用户的痛点,但是用户需求千变万化,怎么才能分析出需求的重要程度呢?这里就要用到卡诺模型。

卡诺模型

卡诺模型(Kano Model)是日本东京理工大学教授狩野纪昭提出的,主要用于用户需求分类和重要程度排序。短视频也可以运用这个模型来分析,并将用户需求分为五类:基本需求、期望需求、魅力需求、无差异需求和反向需求。它们的关系如图2-8-1所示。

第二章 定位：直接决定未来的涨粉和变现方式

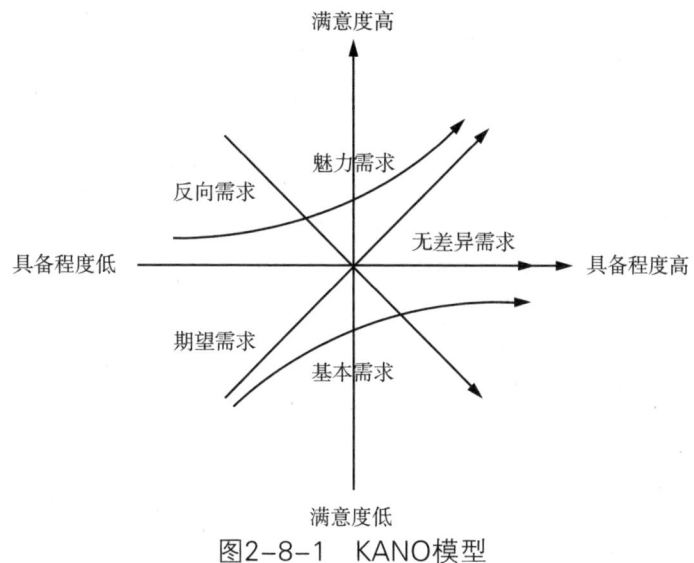

图2-8-1 KANO模型

基本需求就是短视频必须具备的要素，如果短视频中缺少了这种要素，用户就会很失望，或者不满意。比如歌曲类短视频中主播的唱功不扎实，用户就会不满意。但是这种需求会有上限，只要用户认可这种需求，再提升就没有太大效果了，或许还会适得其反。比如有的吐槽类视频会让人感觉扎心，用户看这类视频不是为了自虐，只是为了提醒自己，如果主播的话让人很不痛快，就会适得其反。

期望需求就是短视频中出现的亮点，亮点越多，用户越满意。比如学习英语口语的用户看到主播口语很流畅，就已经认同主播了；如果主播的语速非常快，或者能够模仿电影中人物的声音，用户会更感到兴奋。

魅力需求是用户没想到视频中会出现的很有吸引力的要素，视频中如果没有这种要素，用户也不会不满意，而一旦有了这种要素，就可能打造出爆款视频。比如英语类视频中出现了很搞笑的画面，大大出乎用户的意料，用户就会点赞。

无差异需求是用户根本不在意的元素，因为用户不会在意，所以视频中有或没有这种元素都不会改变用户对视频的态度。比如在PS教学短视频中，用户主要看的是PS技能，如果视频中出现了平平淡淡的剧情，用户也不会感觉很有兴趣。由此可见，无差异需求要么删去，要么改进，变成魅力需求。

反向需求是用户根本不需要的东西，而且看到之后会很厌恶。比如知识类短视频中出现不恰当的观点，由于用户是有一定的文化修养的，这种观点会引起用户的反感。

综上所述，短视频创作者必须认真考虑基本需求、期望需求、魅力需求，力求避免出现反向需求，对于无差异需求，则要想办法改进或者避免。

列表分析用户需求

创作者明白这些要素对用户的影响后，就可以针对视频中出现的东西做一下分析。当然，在分析之前可以向用户发放调查问卷，但是一般情况下，调查问卷的回收率不高，因为用户观看短视频就是为了便捷，为了在短时间内获得自己想要的东西，给他们发调查问卷会让他们感觉在浪费时间。最有效的方法是和其他同类视频、爆款视频进行对比，将相同的和不同的元素罗列出来，然后列表分析。

比如，对名著解说类短视频进行对比，然后得到很多异同点，选取其中一点来分析，比如名著排名，通过查看点赞量和评论，可以统计得到用户的偏向。如表2-8-1所示。

表2-8-1 卡诺模型统计数据

对名著排名的接受情况					
喜欢程度	很喜欢	理所当然	无所谓	勉强接受	很不喜欢
总计（人次）					

如果其中一个数据很高，其他数据很低，就能够说明问题。比如，"很喜欢"说明这是魅力需求或期望需求；"很不喜欢"就是反向需求；"无所谓"就是无差异需求；"理所当然"就是基本需求；"勉强

接受"说明名著排名存在问题，用户不是很反感，但是也不认同，如给中国四大名著排名，无论怎么排都会有人不接受，因为人们对四大名著有各自的看法，所以这是反向需求。如果这些数据持平，就有可能是期望需求，比如给《三个火枪手》《基督山伯爵》排名就会是另一种情况。只要视频中的分析很在理，即使有些用户不太接受最终的排名，但是他们都被排名吸引来了，说明排名是他们期待解决的问题。

由此可见，具体问题还要结合实际情况具体分析，数据只是提供了大致的情况。比如创作者为了吸引用户，故意制造槽点，虽然评论区有很多争议，但是视频获得了推荐。

同类视频画面分析法

由于数据还不能全面反映用户需求，所以需要加入视频画面来综合分析。比如穿搭类视频，既然穿搭是视频主要呈现的内容，那么它就是基本需求；而主播的颜值是期望需求，主播颜值越高，用户越喜欢；如果视频中出现了舞蹈、搞笑情节，那么这就是魅力需求；街景一般是无差异需求，但是如果用户很熟悉或者很喜欢，也会成为魅力需求。

创作者一般都知道视频中的基本需求、期望需求，也会避免出现反向需求，需要挖掘的就是魅力需求，而魅力需求是需要创意的，很多视频很平庸就是因为缺少魅力需求。通过以上分析，我们发现无差异需求可以转化为魅力需求，所以创作者可以从这方面入手。比如英语视频中的背景是书架、墙壁等，就可以换成名胜景区；PS教学视频中的素材是一只猫的图片，对用户吸引力不大，可以换成高颜值的女孩；美食类视频中人物出镜是无差异需求，但是人物有绝活就非同一般了。

可见，卡诺模型是非常有用的分析工具，可以帮助创作者大幅度提升视频质量。想打造爆款视频的创作者们赶快动起来吧！

9.稀缺定位：利用市场稀缺更容易爆红

人们通常会认为稀缺的东西更有价值，所以有的经营者会找到市场上稀缺的东西来销售；而另外一些经营者会利用这种心理，让自己的产品表现出数量或者时间有限，人们看到产品紧缺就会抢购。

短视频运营者也可以利用这种心理。短视频本身是一种信息，所以运营者可以思考稀缺的领域，或者让信息表现出稀缺感，用户看到稀缺的信息会认为更有价值，就会点赞关注。

营造稀缺感——创作者的惯用手段

很多短视频里会有这样的信息："一般人不知道""这是别人不会告诉你的""在学校里你也学不到的"等。这些信息就营造了一种稀缺感，用户在看到这些信息时，就会点击观看视频，如果他们确实不知道视频中的信息，就会关注。详细地说，有以下几种典型的方式。

"这是隐藏功能，不知道你的车就白买了。"有一个汽车知识的短视频是这样开头的，很多有车族看到开头就想往下看，看到后面发现都是汽车配置中比较不常用的功能。这就是运营者利用不常用功能制造的稀缺感，而这些功能所附属的产品必须是大众常用的，所以手机、办公软件等都可以制造这种稀缺感，如果是大众不常用的或已经落伍的产品就达不到这种效果。

"超市不肯说的钓'愚'套路！"如果视频的标题是这个，想必会有很多人点击观看。因为绝大多数人都会去超市，然而很少有人会发现自己中了超市营销的套路，这种信息与大众的利益密切相关，所以这样的信息必然引起大众的注意。

"你的假期就剩三天了，这三天还能怎么玩？"在十一国庆长假里，我们也可以看到这样的短视频，这是利用时间营造的稀缺感。因为上班族的业余时间很少，长假对他们很宝贵，视频里的"倒数"或者"还剩"字样会对他们造成紧迫感、焦虑感，他们为了充分利用剩下的时间就会观看视频。

"珍贵照片！世界上只剩下7只了，不看后悔。"这是某个珍稀动物保护协会发布的视频，视频中是一种濒临灭绝的珍稀动物，而标题运用的是数字造成的稀缺感，很多爱护珍稀动物的用户就会收藏视频。

"不好意思，这是世界十大恐怖禁地，我们也没敢进去，这只是外景。"这个信息对爱好旅游的人往往有吸引力。稀缺感做到极致的方法就是"这是被禁止的""我们也做不到"，人们往往对完全无法得到的东西有很强的占有欲或好奇心，所以创作者想要让用户关注，就可以提到这些东西被禁了。

找到稀缺领域——创作者移山之举

在短视频火爆的时代，短视频的内容几乎涉及生活的各个领域，所以想要找到稀缺的领域非常困难，几乎无异于开山。不过，总有人会想到新东西，比如有人在金融危机过去后制作理财知识视频，趁着热点火了一把，而这个领域还鲜少有人竞争；也有人在大城市之外找到了短视频领域稀缺的内容，比如农村生活；随着时代的变迁，很多事物也会变得稀有，比如城市里的土坯房，有的创作者根据这些也会找到灵感来源。

不过，这些视频都会受行业或地域的局限，理财知识视频只会受有这一需求的人关注，农村、土坯房只会受有这些情怀的人关注，所以点赞量、粉丝量都不高。

所以想要拥有大量的粉丝，还是需要在热门领域里找到稀缺的东西，比如搞笑类视频很多，但总有人会在形式上有所创新，这就是考虑到了形式上的稀缺性；萌娃类视频也层出不穷，但是总有人的宝宝力胜群"娃"，从而惹人喜爱。所以稀缺定位很难，但是依然有突破口。

稀缺定位——创作者该如何凿井求水

综上所述已经可以得到结论了，稀缺定位要考虑如下几个方面：

第一，创作者要想做稀缺内容，最好选择热门的领域，在热门的领域里求突破。找到了比较冷门的领域，当然也可以做，但是需要结合制造稀缺感的手段来创作，如果视频内容是农村生活，可以在视频中指出这片土地的稀缺性，比如说这是某个地方的最后一片没有污染的净土。

第二，知识可以是冷门的，而产品必须是常用的，这就需要创作者在创作之前进行技能的储备和大量的调查，避免知识技能用不上或者存在错误的现象。另外，需要注意视频内容的适用性，不要犯在海南岛卖貂皮大衣、在北极村卖扇子这类低级错误。

第三，可以考虑国家政策鼓励的行业，制作这些行业的视频就会有良好的前景。既然是国家政策鼓励的行业，说明这个行业有需求、有市场，而其他运营者还没有进入，这样的视频必然竞争压力小。

第四，选择技术门槛较高的领域，技术门槛低就缺少壁垒，很容易让人抄袭、盗用或者模仿。技术门槛当然不单指科技含量，也可以是创意性，比如办公室小野的很多创意是别人模仿不来的。

第三章
内容：获得高度关注背后的产品逻辑

1.具有创意的策划才会产生好作品

目前各个平台每天都会更新几十万条短视频，如果没有做好策划，短视频就无法获得很高的人气。因此，策划是关键的一步，而具有创意的策划才能让视频成为爆款。

下一秒总有惊喜的爆款短视频

如果一部电视剧，还没看完就知道结局了，你还会追吗？答案显而易见。而抖音短视频的用户永远不知道下一秒出现的是什么短视频，或许是美妙的舞蹈，或许是让人捧腹的笑话……就因为这些不确定性，才会给我们带来更多的惊喜。

抖音上点赞量超高的创意短视频，个个都像微电影，新鲜的创意永远能给你意想不到的惊喜。

办公室小野的视频内容是美食，但是做美食的地点是在办公室，做美食的器材是从办公室就地取材，这种创意让用户眼界大开，所以收获了不少关注。

"七舅脑爷"的视频内容主要是恋爱故事，这些故事来源于恋人日常发生的小事，但在拍摄视频的过程中加入了创意，不仅让用户感同身受，也让用户学到了很多恋爱技巧。

乔万旭是抖音上又会唱歌又会讲段子的多面能手，更加难能可贵的是，他的视频都是自己的原创，歌曲是自己原创的，段子也是自己原创的，这种创意为他吸引了1000多万粉丝。

在摄影领域也有很多运营者，由于在摄影技术方面有很多大牛，所以一般人无法跻身头部,但也不是没有机会,这个时候创意就显得很重要了。如图3-1-1所示。这个心形很实用,拍摄起来也不难,但是很少有人想到拍摄的方法,所以获得了大量的赞。创作者在视频中讲解的拍摄过程是这样的:先把口红涂在手机闪光灯上,然后找一个纸板,中间镂空成心形,放在镜子上后,向镂空处喷水,打开手机闪光灯,曝光拍摄就可以得到这样的图案。

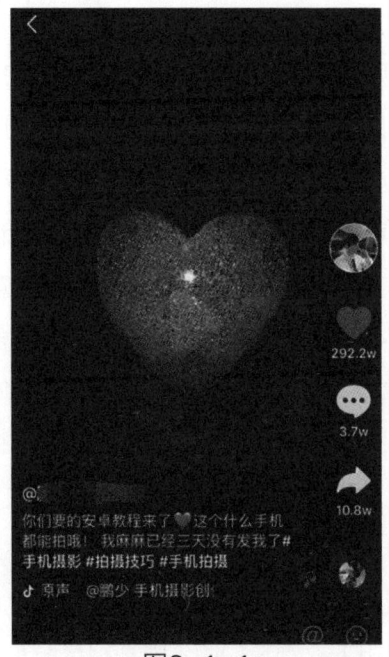

图3-1-1

创意来源

根据案例,短视频的创意可分为形式、内容、方法等,而想要在这些方面有所创新,就必须要有人才,通常只有大型团队才有经济实力来挖掘人才,小型团队和新手运营者在这方面是几乎无法找到合适人选的。但是除了人才之外,还有其他方法可以弥补。

第一,学习头部视频。头部视频具有创意是毋庸置疑的,他们的视频就是一座金矿，里面有众多创意，只要创作者能够举一反三，在观看头部视频之后产生自己的想法，就可以创作出具有创意的视频。不过，学习别人的创意如同学习一样，是需要大量练习的。比如有人看到头部有个视频是海市蜃楼，点赞量有100多万。经过反复研究，他发现这个视频应该是后期合成的，他忽然来了灵感，拍摄了汽车的视频，然后经过合成，让汽车在天上飞行，而自己在地上指挥。由于效果逼真，也收获了大量关注。

第二，留意生活，特别是儿童。俗话说"创意来自生活"，所以生活中所有事物都是可以激发灵感的，比如有人喜欢逛淘宝，而淘宝上有很多新奇的东西，创作者根据这些新奇的东西就可以创作自己的短视频。在生活中，儿童其实最富有奇思妙想，而他们看的动画片、他们的手工玩具也非常具有创意性，创作者只要有足够的童心，就能在童趣中发现适合成人的内容。比如儿童玩橡皮泥能捏出很多造型，而成人用陶土制成的造型却叫陶艺，所以从这一点上说，成人的艺术与儿童的玩具并没有多少区别，只是创作者不屑于研究儿童罢了。

第三，留意粉丝评论。粉丝评论中有价值的比较少，但是有一些评论会刺激创作者的脑回路，从而让他们获得更多灵感。比如有个视频的内容是用时间倒流让落到水里的易拉罐从水里出来，这个视频没有新奇之处，评论区有人说："我想下次看看你能不能把报废的车变成新的。"忽略这个评论的讥讽之意，创作者有了灵感，虽然不能为了拍视频毁掉一部车，但是可以拍摄变形金刚，只要背景用真实景物，汽车变形金刚可以用电脑合成，在合成视频中，自己出镜就可以带来真实的感受。由于视频效果逼真，用户看了之后感觉像是在欣赏大片一样，纷纷点赞。

创作者在做创意短视频时，不能只为创意而创意，不考虑用户的喜好是难以广泛传播的。因为用户是有审美疲劳的，对于一直以怪异、新奇吸引眼球的视频也会产生腻烦心理。而如果创意不符合用户的价值观，用户也会产生厌弃心理。要让自己的视频越来越受欢迎，用户才是关键。

2.视频新手，试试搬运、模仿和四维还原法

你是不是经常会在一觉醒来看到短视频平台里忽然跳出一条几百万个赞的视频？这种现象不在少数，短视频平台不知道捧红了多少头部"大号"，比如有2300多万粉丝的代古拉K、有4700多万粉丝的一禅小和尚。但是短视频平台的头部运营者毕竟是少数，腰部和中长尾运营者占了绝大多数，吸引的粉丝却很少，多则几万，少则几百，所以短视频行业里的竞争非常激烈。新手要想在短视频行业里立足，就必须有自己独特的内容，但是由于缺乏经验和创意，往往不能吸引用户，所以可以试试搬运、模仿和四维还原法。

搬运法

搬运法就是将成功的、现成的视频和文案改头换面变成自己的。这种方法有投机取巧的嫌疑，但是对于新手来说是一条捷径，因为限于平台的推荐机制，如果前几条视频没有很高的关注量，后面的视频就得不到平台的大力推荐了，所以搬运在初期是可行的。但是不能一字不差地照搬，也需要加入自己的创意，就好像《爱情公寓》电视剧一样，虽然剧情照搬美剧，台词中有很多段子是现成的，但是搬运得很成功，它的热度经久不衰。究其原因，有很重要的一点是电视剧中有了中国自己的味道，比如春节、春晚、"白娘子"等，这就是在搬运时加入的创意。

有人说"搬运工""剪刀手"无论怎样搬运都不值得提倡，但是事实上往往具有创意的搬运会让原创黯然失色。以诗词来打个比方，"曲终人不见，江上数峰青"本来是唐代诗人钱起的诗句，因为意境绝佳，

很多后人会搬运这两句诗到自己的诗里，范仲淹、秦观、苏轼都引用过。但是苏轼引用得浑然天成，他的词也流传最广，让后人误以为是他的原创。

　　由此可见，在短视频中搬运时，最好能加入自己的创意，或者让视频更接地气，或者升华内容，在自己的视频有了一定的关注量后，就要放弃照搬，转为创作自己的作品。如果在原来的视频上有了更好的创意，也可以考虑搬运。比如，有个视频内容被搬运了很多次，如图3-2-1所示，视频内容是员工向老板要工资，把用皮筋勒紧的手指头伸给女老板看，老板问这是什么意思，员工说："老板，我手头有点紧，您看能不能发工资呀？"女老板摸了下腿，说："你看我这腿，一毛都没有。"有个新手搬运这个视频，但加进了自己的创意，将内容改成了一个骗子和人借钱，把用皮筋勒紧的手指头伸给那个人看，说出门没带钱，手头有点紧，能不能借点钱，那个人看了哈哈一笑，往骗子的手心里使劲塞了一把泥，说："我呀，视金钱如粪土，钱就是泥，泥就是钱，都借给你了。"由于别出心裁，也收获了很多赞。

图3-2-1

模仿法

模仿就是看到什么桥段火，什么套路牛，自己模仿着拍摄相同内容的短视频。比如"海草舞"引起大众争相模仿，《缘分一道桥》被编成舞蹈后也引起一阵模仿热。特别是在抖音上，模仿就是抖音传播的利器。新手模仿他人，自然而然地就跟上了潮流，因为新手还无法引领潮流，只有融入潮流才能和他人产生话题，不然就会被大众排斥在外，在新时代里独自生存终将落伍，落伍就会被淘汰，从这一点上来说，模仿有其必要性。

另外，模仿还可以植入自己的广告，也可以带货，或者宣传自己的地域特色。比如有人模仿《缘分一道桥》的舞蹈，但是身后是自己家乡的碧海蓝天，这种视觉冲击给人极大的震撼，从而获得很多的赞。

四维还原法

四维还原法是深度模仿，不只模仿对方的内容，更模仿其腔调、动作、眼神、心理与脑电波，这样的作品不仅貌似，更加"神是"。

有人说："不就是模仿吗，还搞得那么高端。"其实，模仿只是手段，我们的目的是达到被模仿视频的高端。比如某位情感主播拥有近800万粉丝，每一个视频的获赞量都有几十万，做情感内容的运营者数不胜数，但是大多处于中长尾部分，所以这位主播的视频必然有可以学习的地方，模仿就是要深度挖掘她在视频中是怎样引起用户共鸣的。

以她的一个视频为例，这个视频点赞量是110万，她在视频中说："如果时间可以倒流的话，我想回到……"接着，她表情苦恼，泪眼婆娑，哽咽了几秒后才接着说，"算了，回不去了。"内容很简单，但是为什么有这么多赞？我们可以看评论，如图3-2-2所示，这些评论都反映出用户受过创伤，毕竟人生有太多悲喜，每个人都会遇到自己的不顺心，主播不说回到什么时候，就是让用户自己想自己的创伤与怀念。但是这还不够，我们还要知道这些用户的一些信息，调查过这些用户信息后，我们将虚假不实的排除掉，可以发现这些用户年龄集中在16~33岁。这个年龄段的用户正在面临学习、社会、工作、恋爱等的考验，多数会多愁善感，所以主播的话能够击中他们的痛点。最后，就可以总结出主播的脑电波，也就是她的策划逻辑，明白了她的思维逻辑，我们就可以创作自己的视频了，所以四维还原法是学习的最佳方法。

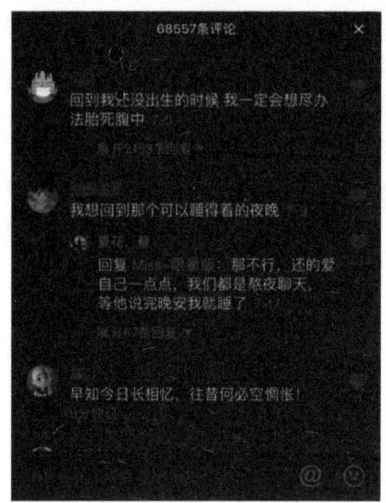

图3-2-2

3.从用户价值角度教你做好短视频

短视频的火爆让人们惊讶。人们不仅惊奇这种娱乐形式竟然能够吸引上亿的用户，还惊讶自己刷着刷着短视频，半天竟然就过去了，这说明短视频比棋牌类活动更加吸引人。可以说，短视频已升级为一种文化现象了。因此，想要做好短视频就要考虑用户审美。

第三章 内容：获得高度关注背后的产品逻辑

大众审美是短视频的立脚点

短视频的火爆其实反映了人们的一种思想，就是渴望得到关注却又害怕泄露自己的隐私，渴望社交却又害怕上当，追求美好却又害怕被人揭短，这种矛盾的心理在短视频中得到了彻底释放。因为短视频可以保护自己的隐私不被他人窥探，而巨大的流量加持可以让每个人都站在风口上火一把。短视频本身就是社交平台，用户可以在平台上发表自己的观点，可以与他人互动，而不用担心与他人意见不一致；最重要的是，人们都有爱美之心，如果在真实社交中表露出自己对美女帅哥的喜欢，很可能招来他人的攻击嘲笑，而短视频平台上可以不用在意被人嘲笑。

随着短视频的逐渐火爆，迎合用户审美的类型层出不穷，时尚美妆类天生与网红关系密切，网红受到关注，自然带火了一大批美妆；搞笑类由于存在先天优势，也符合大众的娱乐追求，所以成了规模最大的视频类型；电影解说类、情怀类、母婴类、实用技能类、萌宠类由于具有特定的用户群体，也受到了持续关注。

短视频的这种底层传播特质捧红了大量网红，比如papi酱、代古拉K、钟婷、祝晓晗等，也捧红了很多素人草根。他们的视频都有几个共同点：有创意、接地气、搞笑搞怪，这些都是大众审美的要素，特别是接地气，这个词成为这几年的热词，说明大众希望作品能够与自己的普通生活相融合，能够满足自己的愿望、需求。因此，满足了大众审美需求的短视频才会赢得青睐，才能传播更广。运营者要想做出好的视频，就要以大众价值作为立脚点。而要了解用户的需求，就必须要做用户画像。

用户画像

只有做好用户画像，才能知道什么人爱吃什么菜，才能做好自己的视频。做用户画像之前先要调研，比如做美食类视频就要调研用户年龄、性别、职业、对美食和美食教程有什么需求等。经过调研，就可以在数据基础上进行用户群分类了，可以按工薪收入分类，也可以按爱好兴趣分类，无论怎样分类，都要方便指导自己的视频内容，比如做树叶雕刻视频，如果将用户按照性别分类，指导意义就不大，而按照用户的需求分类，就能知道自己在视频中加入什么元素了。

接下来，就要按照分类来选择典型代表，将其所有信息都补充完善。还以树叶雕刻视频为例（见图3-3-1），分类为希望视频有恋爱内容、希望视频有搞笑内容、希望视频有雕刻步骤等，为了形象起见，可以分别给这三类拟一个用户名字，比如"马苏""乔丽""安鑫"，然后在每个名字下补充个人信息，如年龄、性别、职业、观看视频时长、观看视频时间、想要看到什么雕刻作品等。以"安鑫"为例，他的年龄是24岁，男，未婚，没有恋爱经历，自媒体运营者，爱好是在业余时间做手工，每天下班会观看短视频，想学习树叶雕刻是怎么操作的，想看到雕刻恐龙等动物。

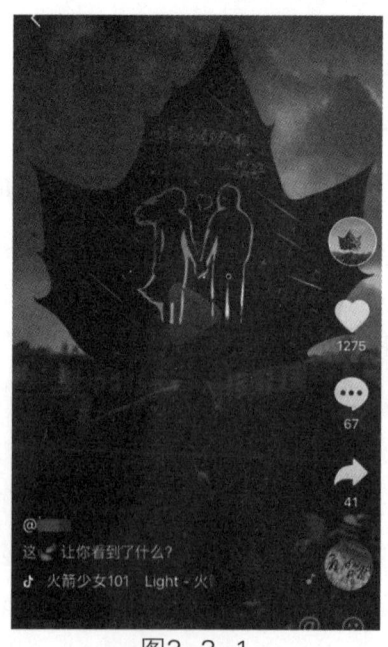

图3-3-1

由于用户画像选取的是具有代表性的用户，所以这种需求并不是一个人的需求，只要视频满足了用户需求，就会有一定的突破。另外，用户需求也有表面的和深层的，有些用户表面上只是想看看世界有多奇妙，但他内心深处可能具有某种欲望，比如逃离北上广、摆脱工作的压力、想要一个人的旅行等，表面的需求只是他的痒点，深层需求才是他的痛点。比如有的用户观看树叶雕刻短视频，喜欢看一些情侣雕刻、浪漫雕刻，表面上似乎对美物感兴趣，其实是对恋爱的渴望，如果视频中加入恋爱小技巧的元素，必将收获用户黏性。

4.垂类达人如何做好泛知识短视频

现在，各大短视频平台上纷纷涌现出泛知识类视频。这种大趋势必然会吸引更多的运营者来做这种垂类，这些运营者可能来自学校、医院、科研部门、金融行业，也有来自普通大众的。将这类短视频进行细分，可以分为生活科普类、技能教学类、冷知识类、走近科学类等，那么，如何运营才能做好泛知识类短视频呢？

生活科普类

生活科普类由于贴近大众生活，具有很高的实用性，用户很容易接受，从而吸引了大量的受众。经过创作者的探索，生活科普类的内容已然能够适应短视频这种形式了，比较有名的运营号有"老爸测评""美妆师咕咚"等，内容遍及生活的各个领域。然而，有的作品内容很优质，粉丝却很少，所以这个领域怎么做还有探索的空间。

首先，这类视频应以实用为主。人们关注这类视频往往是自己搜索找到的，所以人们在关注这些视频时有很强的目的性。如果这类视频针对的用户不准，或者内容虽好，但并不实用，就难以引起人们的重视。

比如某个短视频中罗列出生活中常见的几个问题：宝宝发烧要不要捂棉被、擦酒精，骨折病人应不应该喝骨头汤，电子烟是不是完全无害等，这几条内容都不错，但是放在一起就显得很琐碎，用户也许只会看中其中一条，所以这条视频在内容选择上有不当之处；另外，这条视频的内容不是很实用，比如宝宝发烧不让捂棉被，有很多父母认为就应该捂棉被，不能受凉，所以视频内容与大众的普遍认知不同，但是又没有提出更好的方法，这就让父母们有所质疑。与此相反，如图3-4-1所示，这条视频的内容是"化妆品上没有这些数字不要买"，化妆品上的数字可以看出产品的真假，这对女性朋友来说很实用，所以点赞量很高。

图3-4-1

其次，操作要麻利、熟练。因为视频本身时间很短，而创作者又是站在教导者的位置上给用户展示方法的，所以熟练的操作能赢得用户的信赖。比如一个视频中讲解清洗白鞋要用啤酒、牙膏、食用盐、白醋等，介绍完材料时间已剩不多了，操作必须快速而且要让用户看清楚，用户才能认同。

最后，最好是真人出镜，特别是专家更有说服力。短视频让大家告别了图文，如果短视频以图文展示，就会落伍。动漫类型的对育婴孕妈比较适用，也可用于形象地介绍人体知识。真人出镜不仅能增加实用性，也能让用户看到操作过程，比如讲解被玻璃划伤时怎么应急处理，这种视频如果用动漫形式展示就没有效果。专家本身就带有严谨性、专业性的光环，他们出镜就会促进视频的传播。"老爸测评"中的主讲人魏文峰就是名副其实的专家，他做过多年化学品检测工作，有着丰富的出入境检验检疫经验，所以深受用户青睐。

技能教学类

随着科技的发达，办公能力要求的提高，人们总感觉自己的技能不够用，在这种情况下，技能教学类短视频应运而生。经粗略统计，这类视频主要有外语类、计算机技能类、情商说话类等，这些内容利用短视频形式，能够高效传播，用户能够利用业余时间进行碎片式学习。但是依然有很多中长尾运营号的数据不是很乐观，综合分析之后，我们发现那些头部运营号都有自己突出的地方。

第一，有趣。技能教学本身比较枯燥，但是某些头部运营者却能做出非常有趣的内容，例如"潘多拉英语by轻课""Joy英语"等，他们在内容、情景剧、视觉等某个方面会有所创意，比如有一条视频中的内容如下。

女："ABCDEFG是什么意思？"

男："A boy can do everything for girl，就是说，男生可以为女生做一切事情。"

可是有人说："别忘了后面还有HIJK，意思是He is just kidding，他在骗你。"

女："他骗我也没有关系，因为后面是LMNOP，就是Love must need our patience，爱需要耐心。"

这种创意让用户十分欣赏，用户还希望看到类似的创意，就会点赞。

第二，实用。泛知识类视频都必须实用，这是这类视频传播的重要保证。但是技能教学类的创作者会创作出一种看似实用，而实际无法应用的作品，比如下面这个情商说话类作品。

男："早晨醒来口干舌燥，好难受。"

女："为什么这样？"

男："可能是少了你的吻。"

女："我跟你还很生。"

男："那就是说你怕生了？"

女："不怕呀。"

男："那和我生一个吧！"

这可以说是创作者闭门造车瞎编出来的对话，不仅不合常理，还充满了臆想的因素。因为现实中的对话千变万化，不可能都按这种套路出牌。每个人的性格也不一样，很有可能第一句就谈崩，所以这种对话缺乏现实基础，根本不实用。因此，创作者必须深入生活，而不要躲在象牙塔里搞创作，必须了解用户急需什么技能，要牢记高端未必有用。所以这类视频的头部创作者往往是经验丰富的讲师、专业人员和商界精英。

第三，增加互动性。因为是技能教学，用户就必然会遇到问题，遇到问题就会在评论区留言。如果创作者一概不理这些评论，用户自然认为这些技能本身存在问题，而创作者也解答不了。久而久之，用户就会取消关注，所以创作者要经常关注、回复评论，也要参考评论改进视频内容。

5.如何制作幽默风趣的短视频

随着生活水平的提高，工作压力的增大，人们在业余时间都有放松心情的需求，这就给搞笑类短视频提供了生长的土壤。搞笑类视频总体可以分成三类：个人吐槽类、情景短剧类、播报类。而其他类型的视频中也会有幽默的成分。我们现在就看看这三类短视频怎么制作。

个人吐槽类

个人吐槽类短视频以papi酱最为著名，观看她的视频就能发现，她吐槽的内容都是生活中的现象，由于她吐槽很准，力度非常狠，不仅让用户感觉到了幽默，还时常给用户洗一次冷水澡，让用户神经为之亢奋。

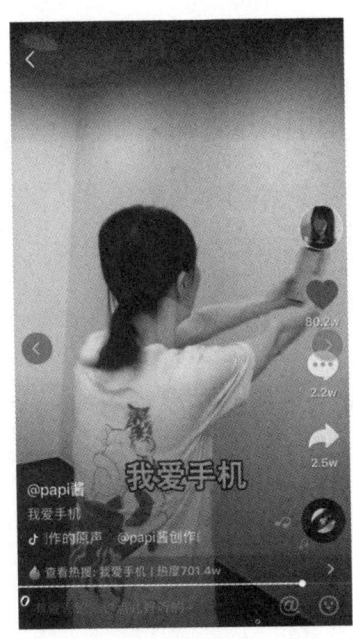

图3-5-1

比如她的一条短视频内容是这样的："我在手机上和未曾见过面的朋友们畅快聊天，我在手机上读着令我捧腹的段子，我在手机上看大家美好生活的视频。我突然发现，我已沉迷手机，我决定放下手机，感受身边的世界，果然，我发现了很多，我发现身边没有朋友，我发现周围没有有趣的事，我发现我的生活一点都不美好，我突然发现还是手机好，我爱手机。"

在这个视频中，papi酱时而表演得很慵懒，时而动作很突兀（见图3-5-1），时而表情很夸张，这些表演都增加了搞笑的元素，但是视频文案却像一盆冷水，让用户猝不及防，瞬间就被击中了痛点。

所以吐槽类视频的特点就是让用户痛并快乐着，让用户乐并不难，难就难在让用户乐的时候还要感到自己也存在这种问题，自己也失去了同样的东西，从而认可并关注创作者，这就是papi酱的创意。

因此，运营者如果要做这类短视频，就不仅要增加视频的幽默感，还要找准用户的痛点。这可以从三个方面入手有针对性地提高自己的能力：一是提高自己的观察力，也可以说是提高自己的新闻敏感性，对身边发生的一切有敏锐的判断，能从平凡之中提炼出深刻；二是提高整合能力，能将纷纭琐碎的事物整理出头绪，能让看似没有关联的事物串联起来；三是提高幽默能力，能用表情、语言、肢体动作等让用户感到幽默。

情景短剧类

情景短剧类视频有很多，粉丝众多的有"钟婷""剪刀手爱嘚吧"，这类视频中有很多不以真人出现，有动漫形式的，比如"剪刀手爱嘚吧"。这类视频的话题一般都来自日常生活，但经过艺术加工之后就显示出了幽默的效果。

比如在钟婷的系列视频中，有一次一男的问钟婷："钟婷，你知道为什么你的这张脸，你的粉丝怎么看都看不腻吗？"

钟婷美滋滋地摸摸脸，说："因为我肤白貌美、天生丽质。"

男的说："是这个才怪。"

钟婷一脸迷茫地问："那是为什么呀？"

这时坐在钟婷一边的紫然说："因为你肥而不腻。"

钟婷反问道："那你知道为什么你女朋友出门逛街不喜欢带上你吗？"

男的问："嗯，为什么呀？"

紫然又竖起食指，指指点点地说："因为你家丑不可外扬。"

由这个例子可以发现，情景短剧少了吐槽类的痛点，只是追求幽默效果，对话中的笑点也是运用的常规包袱。所以情景剧的突破点不在包袱方面，而在于人物塑造，只要塑造出个性鲜明的角色，就能让用户记住，用户看了一次可能感觉包袱不是很新，但是记住了里面的人物了，这就是情景短剧的成功。

播报类

播报类短视频会恶搞新闻、接线员等，以解说播报新鲜事为主，一般只有一个主持人。这类短视频比较受关注的有"外联出国""奇葩趣闻播报"等。

图3-5-2

这类短视频的话题都很新鲜，比如"奇葩趣闻播报"在上海出台垃圾分类规定后，就创作出一条视频，视频中解说了这条规定和人们的反响，如图3-5-2所示。

这类短视频必须时刻关注热点话题，并需要迎合年轻人的审美趣味，打造自己的文化品牌。打造自己的文化品牌是最难把握的，这可以从主持人入手，有的主持人是动漫人物，有的主持人头上戴着动漫头像，这些富有喜感的形象会加深用户印象，推而广之，主持人的衣服、用具都可以富有喜感，视频中还可以出现自己制作的表情包、搞怪音乐等。总而言之，只要能让用户记住，就是幽默视频的成功。

6.靠"反转"设计，这些短视频火了

有一类作品是靠"反转"设计吸引用户眼球的。这类作品开头或者平淡无奇，或者让人产生错觉，接着就会出现反转，让用户的预想落空，从而给用户造成心理失衡，以此让用户点赞并关注。

反转设计由于具有戏剧化效果，可以让用户在观看视频时不产生厌烦，所以反转在各种视频中都会有所体现。而有一些创作者专门以反转作为视频内容的结构因素，具有代表性的有阿纯、名侦探小宇、柚子cici酱等，反转只是他们视频中的重要元素，他们的视频内容分别属于不同领域。

阿纯：反诈宣传达人

每次点击打开阿纯的视频，我们都会被眼前的那个"丑八怪"所惊呆，很多刚观看他的短视频的用户都会好奇，这么丑的人竟然有这么多粉丝（见图3-6-1），然而几秒钟过后，这个"丑八怪"就像孙悟空

第三章 内容：获得高度关注背后的产品逻辑

的七十二变一样，竟然变成了又甜美又活泼的标准网红脸，由此我们知道了这些粉丝并不是"审丑"，而是被惊艳到了。再看阿纯的介绍，他是反诈宣传达人，专门揭露网络颜值欺骗行为，原来他不是为了博人眼球，而是带着正能量的，所以赢得了众人的关注。

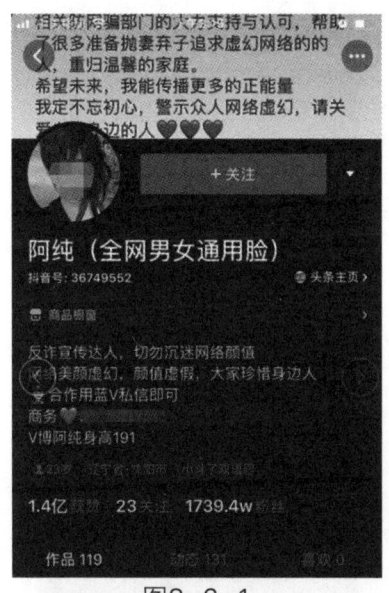

图 3-6-1

虽然粉丝们了解了他的视频中的反转套路，但是依然会持续关注他的动态。这说明除了反转，他的视频中还有吸引用户的地方。观看他的多个视频之后发现，他在每个视频中扮演的美女类型都不一样，有空姐、御姐、萌妹子、时尚女郎、汉服女装等，这就让用户有了期待，用户不知道下一个短视频反转之后会出现什么女装，就会点击观看。

名侦探小宇：帮女性远离伤害

截至2019年7月底，名侦探小宇的粉丝已有1181万，这个账号发布的内容都是人物在遇到危险或困难时，主角小宇像名侦探柯南那样做出正确的推理，从而避免伤害或者得到帮助。视频开头往往是正常的生活情景，然而反转之后就会出现不一样的结果，例如，有个视频的内容是小宇在车里等人,听到广播里说有个车主刚停车就遇到一个贴传单的,广播里的车主正在骂骂咧咧,小宇的车外忽然有人在发传单,小宇本想下车阻止,忽然脑回路灵光一闪,小宇想这个人手里只有一张传单(见图3-6-2),而他一路走来无视其他车,直接就给自己发,所以他的目的可不是发传单,而是图谋不轨。

图3-6-2

由此可见,这种反转的效果可以让用户瞬间提起警惕,而且这个短视频中的反转虽然套路很明显,但是不会让用户产生厌烦,因为视频的重点是讲解各种危险与应急措施,反转只是其中的结构方法。这就像《名侦探柯南》中充满了套路,比如柯南每次都用麻醉针麻倒毛利小五郎,但是观众只是把这个当作噱头,而没有对动画片感到无聊,因为动画片精彩的地方是柯南的推理。小宇和柯南很相似,都具有推理技能,观众的看点也在推理与危险判断方面,反转只是给剧情带来精彩的方式。

柚子cici酱：化妆界的创意达人

比起普通时尚美妆类视频，柚子cici酱的视频更加受人欢迎，因为普通时尚美妆视频没有剧情，只有高颜值的美女，而用户看腻了美女之后也就不再对视频感兴趣了，以柚子cici酱为代表的运营者选择了剧情这种模式，从而打开了新局面。

但是美妆剧情视频中经常用的套路是一开始面容憔悴，化妆之后瞬间成为时尚界的宠儿，这种反转也让用户产生了厌倦。柚子cici酱利用反转创造出另一种剧情，比如一个视频中几个同事在嘲笑一个男生牙齿黄，被嘲笑的男生正要端饺子出去吃，这时穿着时尚的"柚总"驾到，要和男生一起吃饺子，并送给男生一支牙刷，然后说："他牙黄心不黄，就怕有人牙挺白，心却黑。"她的视频不仅以美妆吸引用户，还能让用户体验到正能量，用户看到这位美女不是花瓶，而是心地善良的侠女，自然产生敬爱之情。

由此可见，反转只是视频结构的一种手段，不是核心内容，正如武侠小说中的武功只是吸引读者的手段，并不是主要表现对象，如果小说作者想宣传武功，何不画一套武术图谱呢？短视频创作者也要认清反转的作用，不能为反转而反转，只有让反转表现自己的视频主要内容，才能让用户眼前一亮。

7.再好的创意，也不如稳定更新和持续输出

各个短视频平台上都会有很多昙花一现的创作者，他们要么是一直

处于尾部，粉丝数量有限，渐渐地失去了信心，要么是创意枯竭了，感觉创作不出好作品，不如集中精力去做别的。

因此，各个平台的数据显示，能在平台上坚持发表作品达一年以上的创作者所占比例竟然不足1%，也就是说，每100个创作者中会有99个退出短视频领域，这些退出的创作者不乏头部"大号"，因为他们遇到的问题多种多样，不一而足，有的创作者从各方面考量放弃这一领域也许是对的，但是对于那些由于没有创意而放弃的创作者来说，就未免可惜了。

好创意可遇不可求

灵感激发创意，创意稍纵即逝，虽然众多头部"大号"的创意很吸引人，但有创意的人毕竟是少数，特别是上班族运营者的创意早已让工作给磨没了，所以成人的创意还不如青少年。在短视频这种以创意吸引眼球的行业中，自然存在优胜劣汰的丛林法则，但是没有创意并不代表没有了一切。

对于普通运营者来说，好的创意可遇不可求，需要长期积累学习才能"妙手偶得之"，虽然我们反复强调短视频要有创意，但是人们能做到这些创意中的某一个点就很了不起了，而没有创意并不代表没有前途。

创意不像唱歌、跳舞，只要肯付出，就完全可以形成自己的风格，而且只要学会这些本领，它就与你同在，你不会失去它是因为这是刻苦训练的结果，而创意并不是刻苦训练就能得到的，获得创意更需要一种缘分、一种灵气。虽然在短视频领域里，模仿、搬运也可以学习他人的创意，但这种创意是夹生的，怎样融到自己的作品里还有待探索。

此外，短视频平台上也有很多运营号拥有很多粉丝，而他们凭借的并不是创意，或者主要成分并不是创意，比如一些技能教学类视频，主要靠的是技术实用，所以对于创作者来说，创意只是加分项，并不是必需的，前提是要选对自己的方向。

坚持才能脱颖而出

选对方向并不难，很多运营者都是根据自己的兴趣创作的短视频，但是他们往往会因为粉丝太少或者精力不够而放弃创作，这些创作者往往是个人，创意自然是他们缺少的。但是他们与头部运营者相差的不只是创意，比如选择配乐、封面、剪辑等一系列制作因素，头部运营者往往是专业人员或大型团队，从一出场就存在先天差别，所以个人运营者的视频落后于他们是必然的。

个人运营者想要冲出重围，就要在创作过程中不断学习，坚持创作，创作的过程就是学习的过程，将自己的作品与他人比较，就能发现自己的不足，与之前的作品比较，就能发现自己的进步，只有做得多了，作品的得失才能感觉出来。

影视行业的运营者凭借着先天优势可以独占鳌头，而没有在视频行业内打拼过的运营者进步肯定会很慢。没有受过专业训练的运营者也不必气馁，虽然学习他人的作品只能靠自己的悟性，有时候制作了很多视频也没摸到头脑，但是这已为自己打下了实践的基础，缺乏的只是理论指导，只要多多学习理论，在有条件的时候请教大咖指导，必然能让自己茅塞顿开。

至于已经有成功作品，而创意不足的运营者，更不应该找没有创意就无法创作的借口。可以看看那些头部"大号"，他们的作品也不是都有满满的创意，有些作品只是中等水平甚至都达不到尾部运营者的成功作品水平，但是他们依然要发表这些作品，当然这些作品花费了团队的精力，但更主要的是更新就意味着吸粉，毕竟他们不能只凭借成功作品来吸粉，不然没有创意，没有作品，没有推荐，粉丝以为不更新了就会渐渐离去，等到有好作品的时候，粉丝已经想不起追看更新了，更何谈点赞量，所以头部运营者的成功也是来自坚持。

由此可见，短视频创作亦如网络小说创作，不断更新就会有固定的用户观看，这些用户一旦看到有创意的作品，肯定会分享转发，这可是运营者脱颖而出的关键。而没有创意的作品也会引来粉丝评论，其中肯定有中肯的意见，或者让创作者发现自己没有发现的亮点，创作者再接再厉，肯定会再上一个台阶。

第四章
竞品：那些爆红的同行就是我们的导师

1.做一份竞品分析报告

短视频运营者在刚开始计划做短视频时以及在运营过程中都要做竞品分析,以竞品分析决定自己短视频的内容,从中得到自己短视频的逻辑、突破点等。

做竞品分析首先要明确自己的目的,包括了解同类短视频的特点、逻辑,根据这些提升自己短视频的内容质量,然后为短视频制定发展策略(见图4-1-1)。

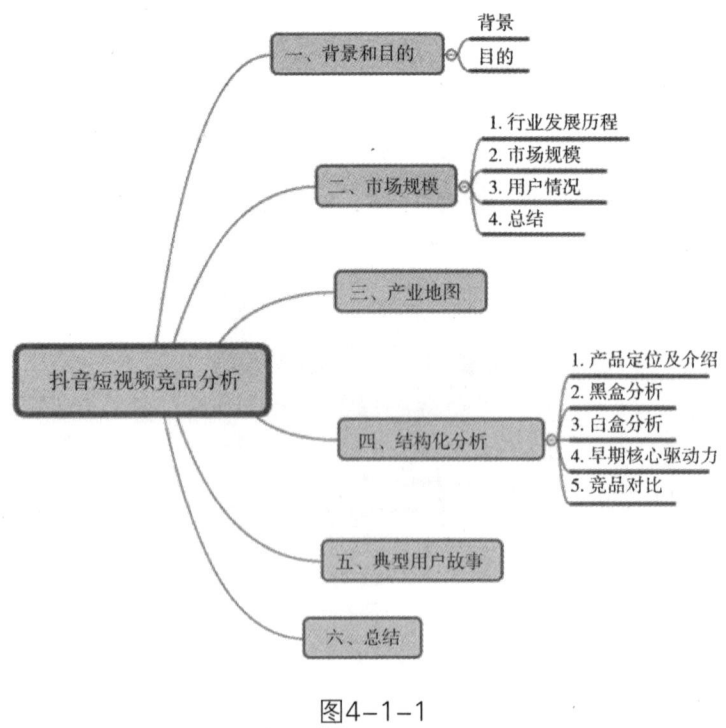

图4-1-1

第四章 竞品：那些爆红的同行就是我们的导师

行业分析

行业分析包括政策分析、环境分析、市场分析、投资分析。其中，政策分析要了解国家对短视频的政策，鼓励创作什么内容，禁止创作什么内容等；环境分析要了解短视频的发展空间和阻碍，比如网络覆盖、技术条件、不同城市的人群对短视频的接受程度等；市场分析包括市场规模、发展趋势、用户需求与喜好等，需要制作用户画像；投资分析要了解各个平台对创作者的补贴政策。

例如，某个运营者酷爱运动，想创作运动短视频，在运作之前做了一篇竞品分析，在行业分析部分中提到，现在的政策不提倡具有危险性的动作，所以运营者列举出很多危险性运动，避免在视频中出现；运动类视频市场上也有很多，但是比较小众，用户一般会观看篮球、乒乓球等球类运动，这些短视频五花八门，自己很难有所创新；但是球类运动中女足比较少见，而自己认识体校里的女足运动员，可以和她们合作，在这种竞争不激烈的领域里，只要内容做得好，再凭借女足运动员的颜值，肯定会收获一批受众。他确定了目标之后，开始运营这种短视频，取得了不小的成绩。

同类视频分析

运营者想做的视频如果垂类非常多，并且竞争很激烈，做同类视频分析时就必须深入细致。如果想分析竞品的内容、创意等，可以选择头部短视频，它们的用户众多，具有很多创意，重要的是，头部短视频对用户需求、痛点把握得好，必然有很多可以借鉴的地方。如果想研究画面、封面、标题等，也可以选择不同类型的爆款短视频，主要针对这些点来分析。

做完分析之后，需要体验自己的短视频，并与同类视频相互对比，因为自己的短视频不可能具有同类视频的所有优点，也可能与其他视频有雷同之处，所以体验的过程就是发现自己短视频存在的不足与亮点，

短视频运营实操手册

从而得到改进的方向。在体验的过程中,不能从制作者的角度去观看,这样是发现不了不足的,比如短视频内容是实用技能类,制作完毕后自己可能会感觉效果不错,可是用户看了之后会感觉用不上,或者在学习这项技能的过程中遇到困难不知道如何解决,所以运营者在体验的过程中一定要站在用户的角度。

在此之后,运营者基本上已经得到了初步的结论,明白什么地方需要改进了,接下来需要分析细节问题,比如短视频的节奏、画面跳转、背景音乐等方面。分析完毕,就要着手改进视频,如果有必要,在改进之后可以再进行一轮分析。

运营分析

要想运营好短视频,就要总结前人的经验教训,分析别人在运营方面有什么优点,比如在什么渠道上运营,怎么引流,从而收获了大量用户;也要分析其他短视频在发布之后被用户吐槽批评的原因,或者流量不多的原因,避免自己犯类似的错误。

例如,有个运营号叫"剪刀手爱拳头",运营者想做搞笑类短视频,但不知道如何能高效运营,他们查找了几个同类短视频,这些短视频的关注量差不多,基本都是几百万。经过分析,他们发现有的运营者线下引流做得非常好,有的运营者评论区引流很强势,有的运营者变现方面做得很好,而有的短视频的转化率不高。他们发现这些运营者的优势和劣势可以互补,如果自己在运营时照顾到这些方面,也会有很好的前景。

2.从爆款与点赞数看受欢迎的短视频类型

有人说,短视频就像是当年的网络游戏,人们上瘾之后根本管不住

第四章 竞品：那些爆红的同行就是我们的导师

自己的手。

短视频出现之后，各个平台上涌现出不少爆款类型，经统计，点赞量很多的短视频类型有颜值类、搞笑类、才艺类、美妆类等。

颜值类

颜值类是用户关注的焦点，在直播时代，用户主要看的就是主播的颜值，到了短视频时代，高颜值的主播依然很火，虽然用户已经出现了审美疲劳，但是那些具有特色的高颜值主播依然能打造出爆款视频，他们往往会用自己的歌声、幽默感吸引观众。

比如主播"幺妹儿"的短视频主要是情感问题，"幺妹儿"在视频中逼真的演绎、细腻的情感再加上她的高颜值，更加吸引用户。如图4-2-1所示，她是年度十佳女主播，粉丝数有786.5万人，每个作品都有上万的赞。

图4-2-1

她在一个作品中是这样说的："什么人最可怕？就是那种不拒绝你，也不接受你，就吊着你，需要你的时候呼叫你，不需要你的时候晾着你，当你表白的时候，他还说'我们只是朋友'。然后拿着你对他的好，肆无忌惮地伤害你。当你以为自己是备胎的时候，其实你连千斤顶都不算，醒醒吧，朋友！"她在视频中的表情很丰富，时而落泪，时而微微一笑却难掩其中的沧桑，让人看了既心疼，又从心底产生共鸣。所以高颜值再加入其他元素必然能够做出爆款视频。

搞笑类

搞笑类视频是短视频出现后一直很火爆的类型，搞笑类包括情景剧类、吐槽类、访谈类，最著名的当然是papi酱。搞笑类视频火爆的原因在于它天生就与短视频的形式有非常好的黏性，传统的相声、小品的抖包袱时长就符合短视频的时间长度，而且用户在使用手机时是寻求娱乐，用户在短视频中感到了快乐自然会点赞。

"钟婷"系列短视频具有非常高的人气，粉丝数达到了1450万，获赞数达到了1.6亿。她在视频中扮演一个傻里傻气的姑娘，经常被队友嘲讽，但有时又很聪明。这不，她又被嘲讽了：

男："你是不是脸上又长痘了啊？再长几个就跟张麻子一样了啊，小心嫁不出去。"

钟婷："你懂什么呀，这叫美得冒泡，哪跟你似的，脸上天天掉皮。"

男："这你就不懂了吧，我这叫帅得掉渣。"

钟婷："那你一定很会做饭吧，这么会添油加醋。"

男："那可不，要不改天你来我家吃鱼，你这么会挑刺。"

钟婷："那你一会儿跟我上工地去吧，这么会抬杠，搬砖一定很厉害。"

这种幽默的对话让用户充满压力的心情瞬间得到释放。只要能让人开怀大笑，用户必然想收藏视频，这样可以不时地拿出来看看。

才艺类

才艺类会让用户产生崇拜心理，比如很多带有自己特色的唱歌、乐器类内容就会让人眼前一亮。因为具有才艺的主播非常多，想要在才艺方面打造爆款必须要有自己的风格，冯提莫就是其中的佼佼者。

"抖音"上的那些洗脑神曲往往都是由主播们自己创作或改编的，

第四章 竞品：那些爆红的同行就是我们的导师

比如《公子向北走》《青花瓷》《你笑起来真好看》《李兰妈妈》《我的名字》等歌曲迅速蹿红，用户以这几首歌作为背景音乐都收获了很多关注。其中，《我的名字》上线后不久就挤进了网易云音乐新歌榜的前三名，它的飙升速度排名第一，歌词中的一句"我习惯在包里藏一瓶百无聊赖，打发人间的白云和苍狗，设计睡着的未来"成为众多用户使用的背景音乐，这句歌词唱法非常独特，用户一般听不明白它是中文还是外文，就会反反复复地听，等到搜到歌词之后才会恍然大悟，从而不得不佩服主播的才艺和创意。

美妆类

美妆类火爆的原因是女性用户基本上离不开时尚美妆，有了用户基础和主播的强势带货，这一类型的短视频想不火爆都难。

随着人们生活水平的提高，时尚化妆品行业迅猛发展，在直播火爆之后，"网红"使用的化妆品让用户更加青睐，这让化妆品行业看到了发展的良机。他们或者让主播带货，或者自己参与短视频制作。有了企业资金的加持，这类短视频更具有了竞争力。

以大咖"呗呗兔"为例，她的称号是"抖音人气好物推荐官"，粉丝有946.5万人（见图4-2-2），很多视频的点赞数超过百万，她的爆款视频收获了大量女用户的认同，非常切合用户的需要。

图4-2-2

除了以上几类，爆款视频还有电影解说类、母婴类、文艺情怀类、文化教育类、实用技能类等，这些爆款视频的种类虽然不同，但它们能获得高点赞量的原因都相似，有的符合用户需求，有的符合大众审美，有的能够戳中用户痛点，所以想要做出爆款视频必须从这几方面入手。

3.那些明星主播的哪些地方值得学习

有很多短视频运营者抱怨说，别的主播跳个舞就能收获几十万个赞，自己的视频也不差，却永远是几千个赞。点赞量的差距虽然显示出颜值更容易受关注，但是那些明星主播肯定有普通运营者可以学习的地方。

独门才艺

很多短视频明星主播除了有颜值，还有很多才艺，这些才艺不只是唱歌、跳舞等，每个明星主播都有他们自己的独门秘技。比如很多人喜欢听冯提莫唱歌，不仅是因为她的歌声很甜美，她在视频中还经常卖萌、搞怪，所以主播想要出类拔萃，就要做到人无我有、人有我新。当然不能盲目地求新，要根据用户喜好、时事潮流等提高自己的才艺。比如《缘分一道桥》这首歌很火时不少主播会翻唱这首歌，由于这首歌难度较大，唱得好的就会受到不少关注，而那些唱出自己味道的主播更少，相应的点赞量也会比别人高。

很多明星主播是名牌大学毕业的，有着先天的优势，比如papi酱毕业于中央戏剧学院导演系，在视频制作、剪接等方面自然有优势，而她还会说台湾话、上海话、东北话，英语更是她的强项，她在视频中夸张的表演、无厘头的风格更是让她的吐槽深入用户心中。普通运营者可能做不到papi酱那样，但是必须要有一项独特的才艺，不然是无法与别人竞争的。

独特的风格

才艺和风格其实关系很大,有很多主播的才艺很独特,也会体现在表演风格上,所以这里的风格主要是指主持风格。很多主持人为了吸引用户,真是使出了浑身解数。比如电影解说主持人"挖沟连李潇洒"的风格就很独特,他不仅幽默风趣,还有自己的经典台词:"大家好,我是冬天不穿棉裤,人丑也要风度的李潇洒。"

短视频行业更新速度非常快,主持人想要让用户记住自己,就要打造自己独特的形象,有的主播会戴上搞笑的头套、穿奇怪的衣服,这都可以塑造自己的风格,因为视觉是传达给用户的第一印象,怪异、另类的装扮和高颜值一样都会造成视觉刺激。此外,虽然独特的风格会让用户产生兴趣,但是一直不变的话也会让用户的审美出现疲劳,用户看上几个视频就不会再看了,这就是电视台主持人会改变发型、衣服风格的原因,短视频也需要遵循用户的审美规律,所以很多主持人会变换自己的造型、说话风格,带给观众或幽默、或恐惧、或沉稳、或浮夸的感受。

奇思妙想

短视频运营者为了博人眼球,经常会想出奇特的创意、发明或行为,这些奇特的招数会不断引来他人模仿,比如前一段时间很流行用脚踢开瓶盖的行为。但是这种行为具有一定的危险性,所以平台会提示切勿模仿。不过,有些创意很具有观赏性,比如换装视频;也有的创意让人脑洞大开,比如办公室小野的短视频中经常出现奇奇怪怪的道具,这些道具有易拉罐做的电烤炉、纸箱做的磨面机等(见图4-3-1、图4-3-2),用户看了视频就会被主播的创意深深折服,所以点赞量都达到了几百万。

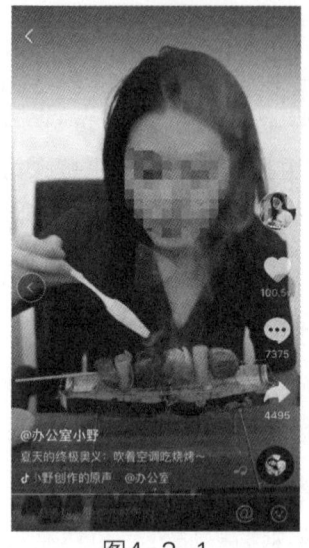
图4-3-1

图4-3-2

其实，这些创意都是运营团队中专门负责策划的人想出来的，主播只是台前的操作人。而对于普通运营者来说，创意是很大的挑战，因为具有创意的人才不好挖掘，所以要向那些明星主播学习。我们发现，这些创意虽然花样繁多，但是有章可循，比如纸箱做的磨面机，用的材料就是平时装泡面的硬纸箱，而小孩子做手工不也是用纸盒之类的吗，所以说创意来自生活，只要在平时开动脑筋，想一想生活中的材料都可以用来做什么，就会有不错的创意。运营者要把团队的思路打开，有了创意，作品才有灵魂。

除了这些，那些明星主播还有很多优点值得运营者不断学习，比如有的主播以独家励志语录获取关注，有的主播以情商口才赢得用户点赞，还有的主播非常勤奋努力，力求将自己最好的一面展现给观众。运营者在创作短视频时，需要不时地观看明星主播的视频，学习他们的优点，将他们的创意转化成自己的能量。

4.获得10万赞的标题有什么特点

想要研究获得10万以上个赞的短视频，就必须进行数据分析，我们收集了各个平台上获得10万赞的视频，然后对它们的标题进行分析。我们提取出那些出现频率高的词汇、符号，归纳后发现，这些标题大多数具有以下特征：借势、戳中痛点、具有代入感、勾起好奇心、对比强烈、善用暗示，以及活用数字、标点等。

借势

借势中借助热点的标题是最多的，热点包括节日、热点事件、热播影视剧、热门歌曲等。比如"抖音"平台上有热搜榜，热搜榜第一名的点赞量上千万，这些热点事件几乎都是关于明星、社会正能量、趣闻等，比如标题为"生活需要仪式感，简单易学的米其林做法"蹭的是"生活需要仪式感"这句流行语。

借势也可以借知名人物和地名，比如标题是"热剧来疯98：马可拔剑怒指乔振宇：禽兽，放开那个女孩"的短视频，这个短视频是宣传新剧的，直接用了剧中明星的名字，人们可能对新剧不太感兴趣，但是看到自己喜欢的明星，就会点击观看短视频。

戳中痛点

人的喜怒哀乐、衣食住行都与短视频用户息息相关，其中有一些内容不适合出现在公众平台上，比如暴怒，而用户已经满足的需求也不是痛点，痛点必须是用户急需而难得或无法解决的东西，比如情感问题、女士皮肤发黄等，只要找到用户的痛点，拟题目就不难了。

比如"告别水桶腰，练出筷子腿"这个标题，点赞量为200.4万（见图4-4-1），因为这个内容对爱美的女性来说非常关心，这个标题就命中了很多女性的痛点，不少女性对自己的"游泳圈"深感不满，但是没有什么好方法减脂,看到这个标题,自然会点击观看。

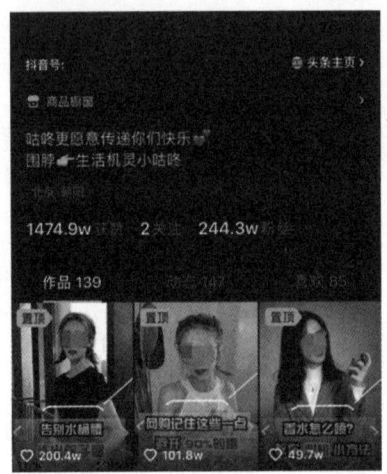

图4-4-1

具有代入感

一些让用户产生情感共鸣的标题也会收获10万以上个赞,这些标题往往切中社会现象,让那些有过类似经验的人看到标题就想到自己经历过的风风雨雨。特别是对于年轻一代人来说,他们的生活压力更大,往往放弃了家里优越的条件,外出闯荡,然而多年之后没有成就,依然蜗居在十平方米的小公寓里,六点起床,赶最早的一趟地铁,单程两个小时才到公司,进入公司就要应付领导的呵斥、忙不完的工作,所以一条标题为"北上广不相信眼泪,90后闯荡社会,不喝清晨的粥,只干最烈的酒"的短视频轻松获得10万个赞。不难看出,这个标题不仅让用户产生共鸣,而且有用户的身份,"90后"迅速拉近了与用户的距离,让那些年轻人感同身受,用户看到这个标题还会感觉找到了志同道合的朋友,博主和自己都是一个圈子里的人,想到自己的经历,真的对标题中的表述有很深的感触,想想自己为了赶着去上班,多少个早晨饿着肚子,想想这么多年的辛酸,真想一醉方休。

勾起好奇心

每个人都有好奇心，有的人对神秘事件感兴趣，有的人对别人的隐私、八卦感兴趣，还有人对天价数字感兴趣，所以想利用标题吸引用户，就要抓住用户的兴趣点，比如制造悬念、引发联想等，方法多种多样，但是视频内容必须满足标题留下的悬念，用户感觉看完之后有所收获，才会点赞。例如，北京有锁龙井的传说，人们看到"锁龙井的锁链下面到底有什么"这个标题就非常感兴趣，如果看完之后还是没得到想要的答案，肯定不会点赞。

勾起好奇心的标题非常常见，各个类型的短视频都会用到这种标题。比如有个旅游类视频标题是"这个外国建筑花了15亿，还有陶渊明雕像，我……"，很多用户会注意到"天价"和"陶渊明"，点开视频后发现这个建筑里还有李白、孔子、女娲雕像，而建筑的华丽也让用户心驰神往，用户就会急切地想知道这是哪里，等到视频一一解答了这些疑惑后，用户感觉这个视频很有价值，就会点赞关注。

除了这些特点，标题还可以画龙点睛，比如在标题前加"突发""颠覆""惊呆了"等，或者运用标点符号，起到强调作用，比如《化妆品没有这些数字不要买！》，用户会被标题传达出的强烈语气所感染，就会点击观看。总之，标题不仅会吸引用户观看，还会给用户一个心理预期，如果内容满足标题的预期值，用户就会点赞，所以标题要与内容相符，不能给用户造成过高的预期值。

5.火爆视频作品的素材设计

很多运营者在制作短视频时，会遇到这样一种问题，就是想到要做什么了，但是缺少必要的素材，比如合适的音乐片段、画面等，这就像是买了游戏光碟，准备大战一场，却发现少了游戏手柄，这种"捉襟见肘"让运营者非常困扰。

因此，运营者需要经常补充自己的素材，建立自己的素材库。我们仔细观看大咖的视频就可以发现，他们的视频中会出现很多常见的素材。在这个内容输出的时代，我们不补充自己的能量，怎么保证持续、稳定的消耗？

素材的分类

最常见的素材就是音乐，特别是在"抖音"平台上，大多数视频都有配乐，视频的内容配上合适的音乐，就会给人节奏感，调动用户的情绪。比如美食视频配上《缘分一道桥》这首歌，就给人一种狂野力度感。但是这些配乐用的人很多，运营者如果只应用现成的，就难以显示出自己的独特性，所以要在平时多多发现适合自己视频的音乐。

片头片尾也是素材库中很重要的一部分，对于4分钟左右的视频来说，片头就像是美女的背影，让用户在远远地看到她时，有一种说不出的喜欢，而缺少了片头，就会缺少品牌效应，所以运营者要建立片头素材库，以具有个性的片头展现节目风采。

视频背景不一定都是创作者现场拍摄的，有些是经过绿背抠像或其他技术处理过的，这些背景都是创作者事先拍好的，到需要时从素材库中拿出来直接用。如果没有背景素材，那么创作者就需要现找场景，然后再完成拍摄，这会影响持续创作的进度。

虽然各种软件都能制作粒子特效，比如下雪的特效就能用AE制作，但是拍摄完毕之后再不断修改特效会很耽误时间，所以运营者在平时就要积累各种粒子特效。

视频内容也需要积累素材，包括各种笑话、段子、新闻、名言、电影片段等，当然这些素材不是拿来就用，运营者需要打开思路，将这些素材整理、删减、合并、修改，最终将其变为自己的内容。比如有一段视频的内容是："今夜到明天上午有点想你，预计下午转为持续想你，受此次低情绪影响，傍晚将转为大到暴想，心情降低5摄氏度，预计此类天气将持续到见你为止。"很明显，这段内容改编自天气预报，由于改编得很优美，让用户不得不佩服主播的创意。

素材的来源

由上文可以看到，这些素材不只是来源于网络，也可以来源于生活、景点、软件、书籍、电视节目等。

网络作为素材来源最为便捷，比如优酷、爱奇艺等视频网站上有很多视频素材，站酷、千图网等有很多图片素材，查找、下载都很方便，还有一些聚合性网站，如淘金阁、易撰、自媒咖等，运营者需要记住这些网站，坚持每天在这些网站上搜索素材。

艺术来源于生活，视频素材更应当来源于生活，因为自己在生活中找到的素材具有原创性。人们经常说要有一双发现美的眼睛，其实很多美图都是经过后期加工的，所以只要感觉场景合适，创作者就可以拍摄下来，然后进行后期加工处理。

经典的视频制作软件有After Effects、Premiere Pro、Maya等，而现在比较流行的有蜜蜂剪辑等软件，这些新款软件操作更为方便，创作者可以使用这些软件创作一些片头、特效、画面等。

电视节目也会提供丰富的话题，只要运用恰当，就能创作出新颖的段子、语录等。比如电视上有个段子："你喜欢我哪一点？""我喜欢你离我远一点。"有个运营者根据这个段子创作了一段对话："你知道我喜欢你哪一点吗？""不知道。""我喜欢你抱我紧一点。"用户感觉被视频中的对话甜到了，就不禁点了关注。

"工欲善其事，必先利其器。"无论做什么，准备工作都必须到位，短视频想要保证持续输出就要打造好自己的素材库，在内容、风格、主题等方面做好充足的策划，这样就能够长期运营而不至于发生后劲不足的现象。

6.竞品的"气质"：值得学习的头像和背景图设计

同样的短视频类型，为什么有的短视频播放量高，有的短视频播放量低？除了内容是决定性因素外，其实还有一个细节问题，就是头像和背景图，那些关注量高的和关注量少的账号，头像绝对存在差别。

头像

随便看看自己关注的账号和朋友的头像，我们可以发现，很多人会用卡通人物、文字或风景建筑做头像，但是效果并不如真实照片。这是因为真实照片马上能让人看到主播的形象，识别性很高，而卡通人物、风景无法让用户立即想到这是哪位主播，文字的识别性就更低了，几乎会出现"撞脸"的现象（见图4-6-1），这会让用户在日后查看时产生"脸盲"，完全记不起这些头像有什么区别。所以头像最好用自己的真实照片，或者自己设计的形象。

图4-6-1

优质的头像有以下标准：清晰度达到标准，符合自己的短视频内容，要符合设计要求，要具有亲和力。

清晰度是保证自己识别性的前提，如果头像都看不清，好像打了马赛克一样，用户必然无法在日后想起你是谁。还有的运营者为了营造良好的形象，会过分美化照片或摆出具有艺术气息的姿势，反而造成识别度不高，比如有的头像是侧身照，而头像的框比较小，这样显示出来的效果是不理想的。

头像要符合短视频内容。因为头像就是为了传达短视频内容，如果两者不符合，用户也不能立即想到你的视频就是他需要的。比如有些搞笑类视频运营者会设计自己的头像，这些头像形象鲜明，用户一眼就能识别出来。而如果是电影解说类视频，头像用的是某位明星的照片，就会让用户产生误解，以为这是该明星的账号。

头像要符合设计要求。拥有一个具有特色的头像会产生高识别度，这就需要认真设计头像里的元素，通常运营者设计的头像里会有色彩，主色彩最好不要超过三种。比如图4-6-1中的"亚子神回复"，主色彩是黄色和蓝色，中间是设计的人物，不会让人产生繁杂的感觉。

头像要具有亲和力是更高一层的要求，做到前面三点之后，头像基本就合格了，再做到具有亲和力，头像就可以出类拔萃了。那些"网红"的头像很美，用户看了就会喜欢，这就是美带给人的亲和力。除此之外，亲和力就是要让头像给人喜感或者带给人亲情、爱情等情感，比如情侣穿搭的运营号，头像就可以用一对情侣深情对视的照片。

背景图

用户在关注一个博主后，很可能会进入他的个人主页查看他的信息，如果平台将背景图位置设计得很大，用户第一眼往往会看到背景图，所以背景图会给用户留下印象，而背景图也是宣传自己内容的黄金广告位，在背景图位置挂上自己的产品、视频截图等，会让用户记住这个品牌。

　　背景图最大的作用就是突出自己视频的定位，比如运营者是做美妆的，背景图配上产品，就可以让用户知道视频的定位是电商；如果是科普视频，背景图挂上地球（见图4-6-2），就能让用户知道科普的内容是地球知识。

图4-6-2

　　既然背景图是广告位，就可以有广告元素，比如文字介绍，这些文字介绍可以筛选精准用户。如果运营者是销售图书的，文字介绍里说明图书种类是励志类，就可以留下有需求的用户，过滤掉没有这方面需求的过客。

　　背景图也有与头像相同的四点要求，不过背景图由于比例较大，在设计上可以复杂一点，可以用PS等专业设计软件做出特效，也可以做写实图、超现实图，类似于电商标语。在设计时也要有一定的流程：运营者要根据自己的视频、产品确定背景图风格，是活泼还是文艺，是时尚还是科技感；然后确定文案、配图、背景的搭配构图，文案包括标题的层级，配图包括商品、主播等，背景要注意装饰元素的选取；在细致地设计好文案、配图和背景后,就要确定怎样配色,因为色彩与情感、产品等是有内在联系的,所以需要着重设计,比如蓝色会带有科技感,与科普能够自然结合,而黄色是暖色,非常刺眼,情感类短视频就不适合用这种颜色做背景色。

总之,头像和背景图都是打造自身气质的关键因素,运营者要想在竞品中获胜,这两处是不能马虎的。

7.重要的事情说三遍:原创、原创、原创

外行看热闹,内行看门道,很多人在短视频领域里看到了商机。有人统计过,短视频平台上有的商家一小时就可以收入10万元,被称为"一条抖音带火一个品牌"的"答案茶",就是其中的佼佼者。在短视频平台上,某些毫无拍摄技巧的视频都能被大量点击,而一些拍摄水平很高的短视频却关注量很少,其背后的原因就是原创的影响。

2019年,短视频遍地开花,而在这密密匝匝的花丛中,谁能得到阳光,就要看它们的原创性了。毕竟原创是短视频吸引粉丝的根本能量,虽然说颜值、网红经济是吸粉的重要手段,但是从各个平台上具有千万粉丝的运营号来看,原创才是更深层的驱动力,所以短视频运营者要注重提高自己的策划能力和创作能力,进而赋予自己短视频强大的生命力。

原创视频的"三板斧"

人们说短视频的"三板斧"是"简""短""快",也就是说,短视频制作简单、时长很短、传播迅速,在此基础上,原创短视频的"三板斧"是"独""精""新"。

原创短视频的"独"是指内容的独特性。papi酱试水短视频的过程就是追求独特性的过程,刚开始,她做的是小咖秀之类的视频,关注量很少;然后她开始做搞笑类视频,但是同类型的视频非常多,虽然知名度升高了,但还没有达到火爆的顶点;到了最后,她终于找到了突破口,开始做女性吐槽类节目,这类原创是短视频领域里的独一份,这让她的身价倍增。

原创短视频的"精"是指要做精品,在内容、画面等方面追求精致。因为彻底的原创是很难做到的,视频中往往会有某些方面与别人的出现雷同,这时就要打造自己精致的内容,以精谋发展。比如"一禅小和尚"的内容是情感类,这种类型在短视频领域里比较常见,但是视频画面是原创的,用户会被这种精致的画面所吸引。

原创短视频的"新"是指在同质化严重的领域里推陈出新,可以是新颖的形式,也可以是新颖的想法。特别是对于后来进入短视频领域的运营者来说,他们已经失去了抢占头部的先机,如果不谋求新颖,就难以在同类型视频中脱颖而出。"代古拉K"就是其中的典型,她2018年进入短视频领域,短视频的内容是舞蹈类,而这时舞蹈类短视频的头部已经形成,她必须做出自己的原创内容,才能一竞高下,所以她打造出搞怪有趣的舞蹈,再加上自己温馨甜美的笑容,在"抖音"上圈了不少粉(见图4-7-1)。

图4-7-1

原创内容该如何打造

既然原创短视频有这些特点，运营者根据这些特点就可以制作出给自己带来巨大流量的内容。然而对于刚入行的小白来说，他们面对种类繁多的短视频，可能会一时不知道怎样入手。其实，结合热点和兴趣考虑自己的视频内容就是不错的方法。

比如，有位运营者对生物很感兴趣，但是限于条件，无法到野外实地拍摄野生动物，也无法制作出高技术含量的视频。而有一次他在看新闻时了解到一条信息，大概意思是儿童在吃了打了激素的鸡肉后，产生性早熟的现象，这条消息引起了热烈讨论，这促使他考虑制作食品安全类的视频。他通过收集大量的资料，走访农村、养殖场等，摸索出一套视频方案，于是把汇总来的知识处理到人人都懂、适合短视频时长的程度，然后再配上实地拍摄场景，就把视频发布到平台上。因为食品安全是人们经常关注的热点问题，所以他的视频收获了不少关注，而且由于形式比较新颖，竞争不激烈，所以人们搜索相关关键词时必然能看到他的视频。

由此可见，原创对于短视频非常重要，不仅能使短视频获得平台的推荐，还能使其在众多短视频中独树一帜。虽然现在短视频行业很火爆，但仍然有一些领域几乎没人探索，或者形式有待创新，这就是"短视频沙漠"现象，毕竟火爆的类型主要是搞笑类、颜值类、时尚类等，而人们又都有一种往热门里面挤的心理定式，所以有价值的原创短视频还是少数。因此，运营者必须牢牢把握原创这一原则，力争做到内容独特、画面精致、形式新颖。

第五章
拍摄：小白到大师只差这8个技巧

1.道具模式：巧借他物拍出花样百出的热门视频

"抖音"上曾很流行一个甩掉塑料袋的玩法，这里面就用到了道具模式。那么，在拍摄短视频时怎么使用、添加这些道具呢？

软件自带道具

以"抖音"为例，打开软件后，软件的最下方是菜单栏，如图5-1-1所示，菜单栏中间有一个"+"号图标，点击该图标就能进入拍摄状态。

图5-1-1

如图5-1-2所示，在拍摄界面的左下方，也就是拍摄键的左边有一个图标，图标下面写着"道具"两个字，点击该就能看到很多道具，如图5-1-3所示。

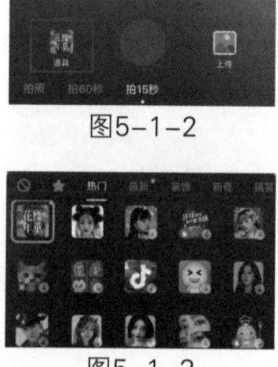

图5-1-2

图5-1-3

在这些道具里，我们点击自己想要的效果之后，系统会加载一段时间，加载完毕后，将摄像头对准自己的脸部，软件识别出人脸后，就会显示出特效。当用手遮挡住脸部后,或者脸部移出屏幕后,软件都将重新识别人脸。

那么,甩掉塑料袋的特效怎么玩呢?如图5-1-4所示,我们可以点击道具框里的"最新"标签,往下滑就能看到一个蓝色的图标,上面的文字是"甩掉塑料袋",点击之后,软件识别到人脸就会将人脸变形,在人脸上套上一个塑料袋。玩家使劲往两边甩头,软件识别不到人脸,塑料袋就会掉下去。人脸的正面再次对准摄像头后,软件就会重新识别到人脸,再次给人脸套上"塑料袋"。如图5-1-5所示。

图5-1-4

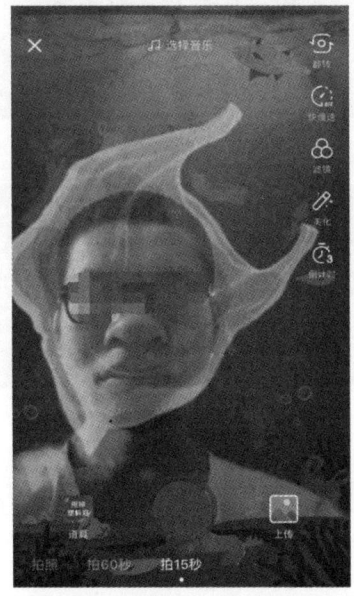

图5-1-5

拍同款视频

有时候,我们得知一个很新奇的道具,在道具框里却很难找到,又该怎么办呢?其实,每个同款视频都带有一个标签,这个标签上说明该视频用到了什么道具。

还以"甩掉塑料袋"为例,如图5-1-6所示,我们在别人的视频中可以看到左下方有个标签,图标是黄色的,很显眼,文字注明是"甩掉塑料袋"。点击进去是"甩掉塑料袋"的主页面,如图5-1-7所示,下面显示这个道具是"抖音魔法道具"创作的,最下方有拍摄按钮,点击就可以直接使用道具拍摄了。点击"抖音魔法道具",就可以进入运营号的主页面,这里有最新的道具模式,用户可以关注运营号,选择自己喜欢的道具进行拍摄。

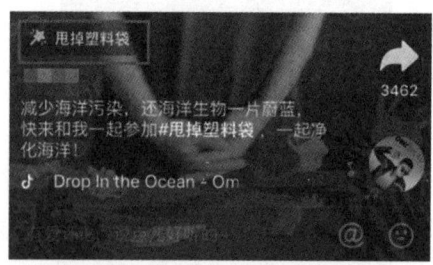

图5-1-6

图5-1-7

当然,拍同款视频最常用的方法是点击视频右边的分享按钮,在弹出的分享对话框里找到"同款道具"按钮,点击就可以直接拍摄了。如图5-1-8所示。

第五章　拍摄：小白到大师只差这8个技巧

图5-1-8

了解了怎么利用道具，我们就可以拍摄了。这些道具数不胜数，最好玩的有变脸道具、魔法道具、汉服道具、丑脸道具等。其中，变脸道具可以模仿川剧的变脸，软件每次重新识别人脸后都会变成其他脸谱；魔法道具可以拍摄出非常酷炫的视频，比如火焰特效等。

2.滤镜特效：打造不一样的视觉体验

"抖音"里的滤镜有两种，一种是美颜滤镜，它在拍摄界面的右方，点击之后弹出滤镜列表，如图5-2-1所示，有"自然""白皙""初恋"等效果，这些效果会对人脸进行美化。

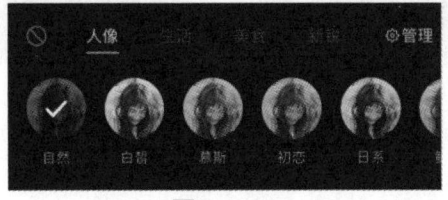

图5-2-1

美颜滤镜在道具列表里也有很多，如图5-2-2所示，有"漏光""蒸汽波""聚焦"等特效，但是酷炫的滤镜特效不在这里。

105

图5-2-2

滤镜特效是后期加入的特效,也就是相当于After Effects中的粒子特效。既然是后期特效,就需要先拍摄出一段视频,如果是即时拍摄的,拍摄完毕,拍摄界面右下方显示"√"(见图5-2-3),点击就会进行下一步;如果要上传拍摄好的视频,就在拍摄界面中点击"上传"按钮,选择要上传的视频,然后进行下一步(见图5-2-4)。

图5-2-3　　　　　　图5-2-4

然后在界面的左下角可以看到为视频添加效果的几个选项(见图5-2-5),点击"特效"就能看到上面"灵魂出窍""抖动"等。我们就以"灵魂出窍"为例,如图5-2-6所示,视频下方是视频的进度条,黄色竖条是用来定位画面的,可以左右拖动,而且拖动之后视频并不放映,我们将其拖动到合适位置后,按住"灵魂出窍"图标,视频就会自动播放,而且加入了特效,松手后视频就会暂停,加入特效的部分会显示橙色。

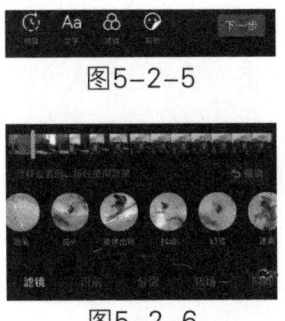
图5-2-5

图5-2-6

由此可见，一个视频中可以加入不同的特效，比如在前3秒加"灵魂出窍"特效后，再按住"抖动"按钮，视频又会自动播放，松手后视频暂停，加入特效的部分会以另一种颜色显示。然后我们还可以加入其他特效，也可以再加入"灵魂出窍"特效。

根据这种原理，很多运营者会制作卡点视频，也就是在不同的时间点加入不同的特效，从而打造出非常具有视觉冲击力的视频。比如很常见的一种卡点视频是多个视频片段剪辑在一起，每个视频片段都有固定的时长和特效：第一段的时长是2.7秒，可以加入"波纹"效果；第2~6段的时长是每段0.9秒，每段都是"撒金粉"效果；第7段是1.8秒，没有特效；第8~12段是每段1秒，每段加入"彩虹光斑"特效。

3.镜头构图：九宫格助你打造舒适的视觉感

很多运营者都会选择拍摄九宫格视频，因为九宫格和"黄金分割"一样，具有绝佳的视觉效果。人在观看屏幕时，分配到各个点的注意力是不一样的。一般来说，上方大于下方，左边大于右边，也就是说，左上角对人的吸引力最强,右下角很难让人注意。根据这个原理,衍生出很多构图法则。因为短视频一般是竖屏播放,竖屏本来适宜表现高大、伟岸的画面,竖屏的九宫格构图就会给人带来一种压迫感,所以运营者需要注意怎样拍摄才能达到更好的效果。

以"抖音"为例,九宫格在道具列表里,类型有很多,它们之间会有一些不同。如图5-3-1所示,这种九宫格的中间有个"心"形图案,而且正中间的人物头上会有兔子耳朵特效。

图5-3-1

如图5-3-2、图5-3-3所示,在"抖音魔法道具"中,我们也可以找到"九屏"特效和"九屏延迟"特效。

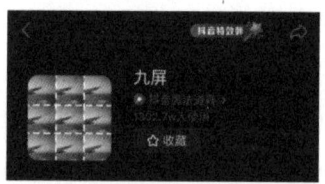

图5-3-2

图5-3-3

利用"九屏"特效,我们可以拍出九张画面不完全一致的视频,如图5-3-4所示,每个画面中的手是完全一样的,可是上面的贴纸完全不一样。

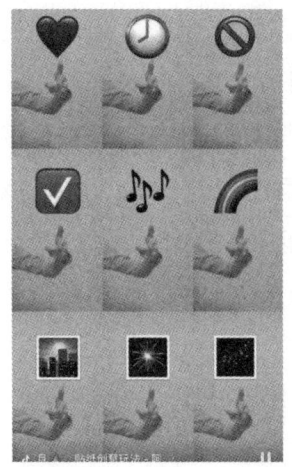

图5-3-4

这种效果是需要用到贴纸的,如图5-3-5所示。在拍摄完成一段视频后,点击下方的"贴纸"按钮,在列表中选择自己喜欢的贴纸,然后贴纸就会在屏幕正中间生成,点一下这个贴纸,它的周围就会产生一个框(见图5-3-6),我们可以拖动这个框到合适的位置。这个框的右下角是放大缩小工具,拖动它可以调节到合适的大小。

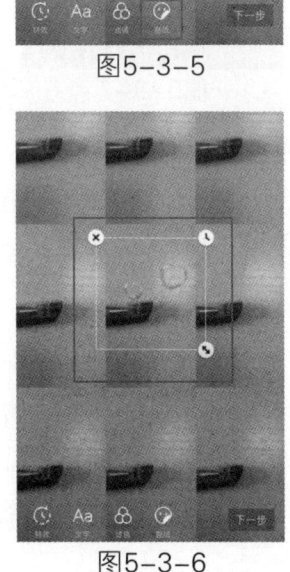

图5-3-5

图5-3-6

这个框的右上角是设置时间按钮，点击之后弹出时间设置界面（见图5-3-7），下方是视频进度条，两侧黄色竖条是设置时长的工具，都可以左右拖动，拖动完毕，左边的竖条代表贴纸出现时间，右边的竖条代表结束时间，在进度条的上方显示已选取贴纸的持续时间，设置完毕可以点击右边的播放按钮观看播放效果，然后再进行调整。如果效果很满意，点击右下方"√"，再加入另一张贴纸，依据同样的步骤设置贴纸属性。

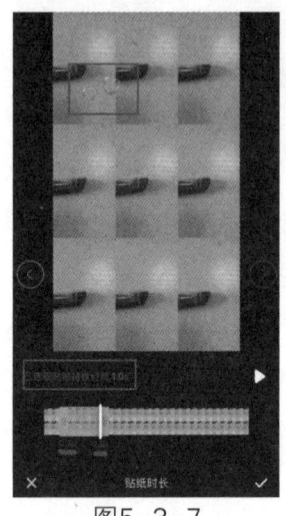

图5-3-7

"九屏延迟"特效的主要特点是每个画面会播放第一个视频的不同时间点动作（见图5-3-8）。比如，在第一个画面播放0.1秒后，第二个画面开始播放，再过0.1秒后，第三个画面开始播放……以此类推，总体就会呈现出延迟的效果。

使用九宫格要特别注意，无论是人物还是手势或者其他内容，一定要掌握好拍摄物在画面中的比例，如果物体充满画面，就会给人带来压迫感和烦躁感，所以创作者在创作这类短视频时，需要反复打磨作品，如果给用户带来不适感，就会影响短视频的各项数据。

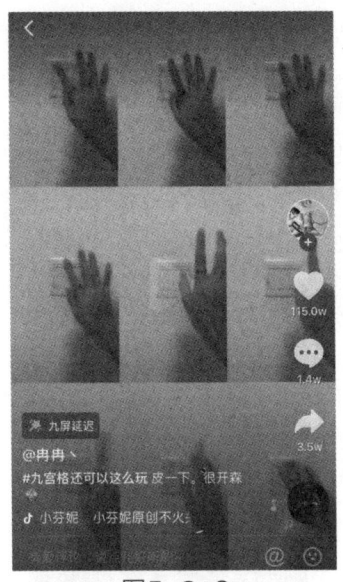

图5-3-8

4.配乐：选择一首适合的背景音乐

当我们打开一个短视频后，视频里立即传来一首曲子："谈爱恨，不能潦草，战鼓敲啊敲，用信任，立下誓言我来熬。这缘分，像一道桥，旌旗飘啊飘，你想走，就请立马抽刀，爱一笔勾销。"高亢的曲调、撕裂的唱腔让缠绵的爱情竟然平添了沙场快意，用户很快就会被感染，从而反反复复地听这首曲子，也提高了视频的播放量。

这就是背景音乐（Background Music，BGM）的魔力，所以有人认为这些背景音乐魔性十足，十分"洗脑"。但是运营者在选择背景音乐的时候经常会感觉很难找到合适的音乐，因为选择背景音乐不仅需要考虑视频内容、情绪、节奏等，还要考虑用户的喜好。下面，我们先来看一下背景音乐怎么添加，再看看背景音乐该如何选择。

添加背景音乐

以"抖音"为例，在点击"上传"以后，在视频处理界面的右上角有一个"选音乐"图标（见图5-4-1），点击就会跳出音乐选择对话框。

图5-4-1

如图5-4-2所示，在音乐选择对话框里，左上角可以选择系统推荐的音乐或者自己收藏的音乐，点击自己想添加的音乐，这个音乐的封面就会出现一个黄色的外框。这时右上角会出现音乐设置的图标，点击之后，弹出音乐设置对话框，如图5-4-3所示，左右拖动声谱就能剪取音乐片段。设置完毕点击右上角"√"，回到音乐选择对话框，还可以点击右下角"音量"，完成音量设置。这些都完成后，就可以上传视频了。

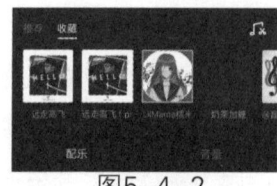

图5-4-2

图5-4-3

背景音乐也可以拍同款，方法和道具的拍同款是一样的，点击同款视频的音乐，在音乐信息界面下方有"拍同款"按钮，点击就可以直接拍摄了。

如何选择背景音乐

要让用户在观看视频时有良好的体验，就需要选择一首合适的BGM。视频创作者在拍摄完成后，肯定对视频内容、结构、高潮、传达的情绪了然于胸，难点只是在众多的音乐中选到最合适的那首，并在一首音乐中选到最合适的片段。

所以在平时积累音乐素材显得很重要，创作者在听到优美的音乐时，不仅要收藏，还要精细地分类，如果条件允许，还可以剪切音乐中合适的片段。在对音乐分类时，也要打开思路，不要只分为"爱情""悲伤""回忆"等类型，还可以根据音乐的节拍、乐器等进行分类。

有了自己的音乐库，就可以根据视频内容选择音乐了。舞蹈类、魔术类等表演类与音乐有很大的契合性，选择起来也很容易，难的是为时尚美妆、风景等类型的视频选择背景音乐，所以按照节拍、乐器等分类就显得很有必要了，比如名胜古迹类视频配上笛子、古筝、埙等演奏的音乐，就会更加有古韵。而很多音乐都是8拍，有的是3个8拍为一节，有的是4个8拍为一节，小节与小节之间会出现转折，把握好这些转折点，让它和视频的转折点契合，就能创作出富有节奏感的视频。

视频创作者也可以让视频配合音乐，可以先选好一段音乐，然后根据音乐节奏拍摄视频，也可以在后期调节视频的速度。对于卡点视频，就更可以灵活运用这种方式了，节奏较缓慢的地方画面切换要慢，到了节奏快的地方，画面切换如同行云流水一般，用户就会跟着节奏兴奋起来。

5.黑科技：学会撩到上亿人的玩法

"黑科技"本意指的是缺乏科学依据并违反自然原理的幻想科学技术，而网络上赋予了它新的含义，是指人们因不明白原理而感觉很强大的科学技术。

短视频中经常会看到肤白貌美的"神仙姐姐"，她们都长着标准的"锥子脸"，其实这都是AI智能效果，在AI智能的基础上，道具才能准确地呈现在画面上。据统计，短视频用到的AI智能技术有人脸识别、肢体识别、语音识别、特效滤镜、全屏高清等，现在我们就扒一扒短视频的一些拍摄黑科技。

令人惊艳的黑科技

比较惊艳的是"灵魂出窍""分身"视频，这两种视频其实是用一个方法拍摄出来的。如图5-5-1、图5-5-2所示。

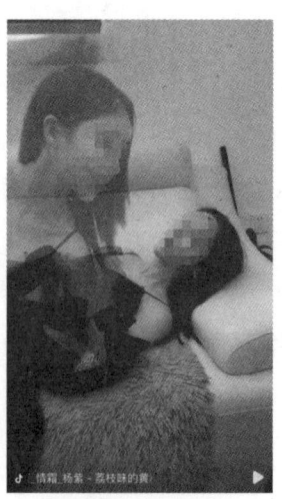

图5-5-1

第五章　拍摄：小白到大师只差这8个技巧

图5-5-2

　　这两种视频都要先拍摄一段人物移动的视频，在视频中的几个关键点位置，人物要有停顿，然后要用到一些黑科技软件，比如"巧影"，将视频源文件导入软件之后，找到人物停顿的时间点处，利用软件中的一些功能将视频分割开，然后将人物停顿的这一帧保存为图片。此后还要利用抠图、虚化等方法制作出最终的视频。

　　换脸特效也非常惊艳，这种特效是基于AI智能技术，能够将别人的脸换到自己身上，比如换成某个明星的脸，或者换成电影人物的脸。这种操作其实很简单，只要上传几张头像，用软件合成就能将自己的脸换成别人的。如图5-5-3所示，就是将人脸换成了绿巨人的脸。

图5-5-3

　　此外，很常见的黑科技特效还有小恶魔妆、摘星星、穿越、AR画笔等。小恶魔装也是道具的一种，和它类似的有妲己妆等，这种特效能

115

将人的耳朵拉尖，变成精灵、恶魔的耳朵，头上还会长出犄角（见图5-5-4）。

图5-5-4

"摘星星"特效会在屏幕上出现很多"太阳""月亮""星星"，主播看准一颗"星星"握住拳，这个"星星"就会消失，手移动到其他位置，对着屏幕摊开手掌，"星星"就会再次出现在屏幕上（见图5-5-5）。

图5-5-5

"穿越"特效虽然看上去有点像"五毛"特效，但是它的效果还是不错的，视频中人物的手中会出现一个光球，随着手的推送，光球会落到地上形成传送门，人跳进传送门就会消失（见图5-5-6）。

图5-5-6

AR画笔必须要有可支持的设备,开始拍摄后,在屏幕上画出自己想要的图形,并慢慢后退,图形就会有进深感;画完之后可以再前进,就会有进入这个图形的效果(见图5-5-7)。

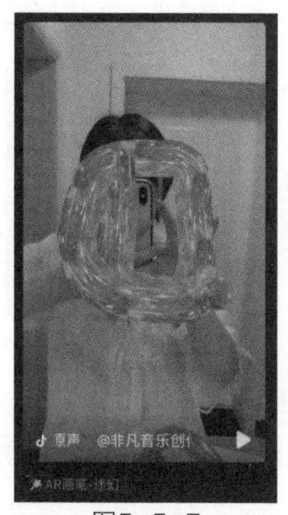

图5-5-7

"抖音"里还有一种T恤,扫一扫就能出现各种特效。这也是利用了视频技术。关键就是T恤上的图案,为了能识别出这些图案,"抖音"平台开发了一系列图像识别技术、语义识别算法等。

"抖音"还有一个染发特效,能在拍摄的过程中改变被拍摄者的头发颜色,这项黑科技是专门识别头发的,甚至能够识别到每根头发丝,还能追踪每根头发的移动。因为识别头发丝需要非常精准,所以这项技术还是"抖音"的独门秘技。

黑科技原理

我们玩的"状元帽""星空妆""猫脸贴纸""小恶魔妆""换脸"等都是采用了脸部识别技术，脸部识别技术会监测屏幕中的人脸或动物的脸部，在识别出脸部特征后，后台就会为脸部做上标记，如图5-5-8所示。比如识别到人脸就会为人脸中的眼睛、嘴、鼻子、下巴做上标记，并根据这些标记来为人脸"整容"，如将下巴变尖。有了这些关键点，那些道具就可以准确地呈现在人的相应部位，比如眼镜恰好符合脸型，甩掉塑料袋道具的塑料袋正好可以套到人脸上。

图5-5-8

肢体识别技术会识别出头部、手、躯干、下肢等部位并打上标记，然后监测这些部位的动作，如果画面中出现了很多人，肢体识别技术也会识别出不同的人，然后可以判断人的行为，比如跳舞、挥手等，如图5-5-9所示。某些特效就是根据行为来展现的，比如"尬舞机""控雨""摘星星"，在"控雨"特效中，画面中的雨珠会随着人手一起摆动。很多创作者利用这些黑科技，再加上自己的拍摄技巧，就能制作出非常酷炫的视频。

比如有人利用保鲜膜拍摄朦胧的意境，在保鲜膜上洒上水，然后打开闪光灯，调节滤镜，再加入控雨道具，就能拍出"水漫金山"的场景；有人利用落叶和积水做前景，将城市作为背景，人物穿上道具服装拍"穿越"特效，就可以拍出科幻大片的既视感。有的人用手机就能拍摄出唯美的画面，只是降低曝光、改变滤镜模式，而有的手机有了更多的功能，可以将背景色全变为黑白色，只将人物的色彩留下，这也是一种AI智能技术。

图5-5-9

6.录屏拍摄：火爆抖音的图文PPT零基础操作解析

我们经常看到短视频里有很多录屏作品，比如一些图文PPT，那么这些作品是怎么录制出来的呢？其实，短视频软件是无法录制的，这些作品要先经过手机录制，再上传到短视频软件中进行后期加工。我们先来看看用怎么用手机录屏。

苹果手机

点击打开苹果手机的"设置"，在里面找到"控制中心"，点击之后是如图5-6-1所示页面,点击"自定控制",在里面找到"屏幕录制"选项(见图5-6-2),点击"屏幕录制"文字左边的绿色加号,就能在"控制中心"面板中添加"屏幕录制"按钮。

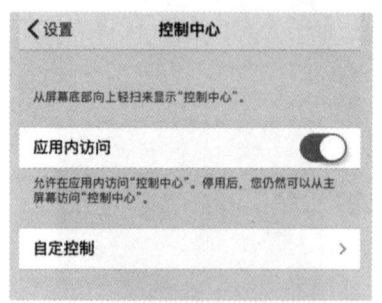

图5-6-1

图5-6-2

设置好之后,往上滑就能调出"控制中心"面板,如图5-6-3所示,最下方的按钮就是"屏幕录制"按钮,点击之后,按钮上会显示倒数时间,倒数3秒后就开始录制,所以点击之后就往下滑,隐藏"控制中心"面板。手边最好备有计时工具,录制到一定的时间再调出"控制中心"面板,点击关闭录制。

图5-6-3

安卓手机

安卓手机种类很多，打开屏幕录制的方式不尽相同，有的是自带"屏幕录制"软件，比如小米手机，如图5-6-4所示，打开软件后找到"屏幕拍摄"按钮即可进行屏幕录制。

图5-6-4

有的手机带有"屏幕录制"工具，比如华为手机、魅族手机，下滑打开菜单或通知栏就能找到这个工具。除了手机自带的软件或工具，还可以自行下载一些功能强大的录屏软件，比如"录屏精灵"。

图文PPT录制方法

由于短视频平台有时间限制，以"抖音"为例，一般的视频都是15

秒，超过15秒的视频内容要经过剪切，所以我们要先计划好时长，避免视频最后被剪去一部分。

下面，我们以苹果手机为例，在手机相册中排好要录制的照片，调整好顺序，如图5-6-5所示，然后打开第一张照片，全屏显示，也就是说，上下不要有手机的状态栏、菜单栏等，然后打开"控制中心"面板，点击"屏幕录制"按钮，在倒数时间内隐藏"控制中心"，然后每隔一段时间就往左滑一次屏幕，显示下一张照片。

图5-6-5

全部照片都显示完后，调出"控制中心"面板，关闭"屏幕录制"按钮，这时手机上方会显示"屏幕录制视频已存储到'照片'"，说明视频已录制完成，接下来就可以对视频进行编辑了，因为首尾部分可能会有"控制中心"面板出现，所以还要剪去一段首尾部分，然后就可以上传软件加入特效和背景音乐了。

7.布光技巧：你也能拍出大片的光影感觉

布光技巧是利用光线的亮度、传播规律等使拍摄物体呈现出最美好的一面。而拍摄短视频需要利用自然光、人造光等，这些光可以让视频更加清晰。更重要的是，利用好光线可以创作出电影大片一样的感觉。

拍摄视频时，光线可以分为顺光、逆光、侧光等。顺光就是光线打在拍摄物体的正面，可以将拍摄物体照得很清晰。逆光和顺光正好相反,是从拍摄物体的背面打过来的光,因此,逆光拍摄的物体的正面由于光线不足会不清晰,从而显示出一种"剪影"效果。侧光就是光线打在拍摄物体的侧面,或者是左面,或者是右面,所以拍摄物体在这种光下会呈现出一半亮、一半暗的状态。

利用这些原理,我们就可以拍摄人物、美食、风景等类型的短视频了。

人物拍摄布光技巧

首先要注意的是,短视频拍摄人物不是拍摄一英寸免冠照片,不能用强光直接照到人脸上,要使用专业设备或自制设备将光源反射到人物身上,或者使用遮光设备来弱化光源,专业摄影师会调节主光和补光,一般它们的强度比例会控制在一定范围内,并在拍摄的时候注意人脸不能出现阴影,下巴部分的阴影也要控制。

其次,要注意三点布光中的主光源不能靠近摄影机或手机。三点布光一般有三盏灯,分别是主光源、辅助光源、轮廓光源。主光源靠近摄影机,拍摄出来的画面就会很亮,甚至虚化主体;辅助光源是用来消除阴影的,摄影机越靠近辅助光源,阴影越少;轮廓光源也叫背光源,是从拍摄物体背面照光,可以突出拍摄物体的轮廓。在舞台上拍摄的短视频因为背后有灯光,前方也有灯光,人物看起来就很亮丽(见图5-7-1)。

图5-7-1

创作者还可以利用常见的物体来营造光线,常见的有百叶窗,从百叶窗的缝隙中透过的光可以营造出浪漫的气氛,家里的窗帘也是常见的道具,窗帘上的装饰可以营造不同的效果。

运用专业灯光设备可以拍摄出更加优美的效果,比如网上有很多专业灯光设备,将这些设备作为主光源,就能带来柔和的光线。但是要注意不能设置得太高,否则会让眼部产生阴影。因为脸部有鼻子、下巴等比较突出的部分,这些部分会产生阴影,所以需要在人物下方设置反光的设备,比如反光板,这样就能将鼻子等突出部位的阴影消除掉。

美食拍摄布光技巧

拍摄美食需要用到灯、柔光屏、卡纸,其中,灯是主光源,可以用闪光灯、荧光灯、柔光箱等;柔光屏用作反光板;卡纸用来补光、反光、挡光。如果没有这些专业设备,也可以用台灯做主光源,但是灯光一定要强,可以用白纸做反光板。

美食拍摄需要考虑美食的摆放和搭配,因为摆放不对,怎么调节光线都拍摄不出感觉。在摆放好美食之后,能用柔光箱是最好的,因为柔光箱面积大,光线可调节。然后需要考虑的就是怎么布光,拍摄美食一般用侧光、逆光等,一般不用顺光,因为侧光、逆光会让美食更具有立体感。拍摄美食没有人物那么麻烦,不需要用到很多光源,只要调节好光源的位置,在美食的另一侧放置反光板,再细致地调节位置就能拍摄出立体感很强的画面。最后就是调节阴影,因为器皿和美食参差不齐,出现阴影是很常见的,消除阴影也是最难的问题,但只有控制好阴影的角度,不让它覆盖美食,才能突出美食的色泽、质感等。如图5-7-2所示,这里用到了两个光源,一个光线较强,另一个光线较弱,但都是从后上方打过来的,消除了盘子和碗中的阴影。

图5-7-2

灯和反光板的位置移动之后,会有不同的效果。比如将光线打到美食的侧后方,再将遮光板移到光源相对的位置,就会营造出一种立体的感觉,因为美食的前面有阴影,层次感会很强烈,食材更加清晰,盘子的纹理、质感也更强烈,会让人感觉到一种下午的气息,从而营造出一种情怀。

8.创意角度:别出心裁,拍出有趣的画面

有些短视频创作者拍出的视频画面不够高端,不够吸引人,很可能是由于拍摄角度不对。所以创作者在拍摄时不妨换个角度,拍摄物体的角度不仅仅有上下左右等,还包括距离和背景角度。

镜头角度

镜头角度有平拍、俯拍、仰拍等。平拍就是摄影仪器和人眼的位置相同,由于这种拍摄出来的效果与人们日常所见几乎相同,所以没有太大的视觉冲击力。仰拍就是摄影仪器低于拍摄物体,以仰角来拍摄。俯拍就是摄影仪器高于拍摄物体,以俯角来拍摄。后两种拍摄角度经常会带给人视觉冲击和心理冲击。

我们在短视频中经常会看到俯拍的美景,但是这必须在直升机上才能拍摄,普通运营者并没有这种条件。不过可以尝试拍摄比自己视线低的物体,比如自己的鞋,先拍摄一段自己走路的视频,然后逐渐向前方仰起相机,最后将相机对准天空,这就会产生一种"路走下去总会有希望"的感觉。如果条件允许,可以架高摄像机,这样拍摄出来的效果会非常震撼(见图5-8-1)。

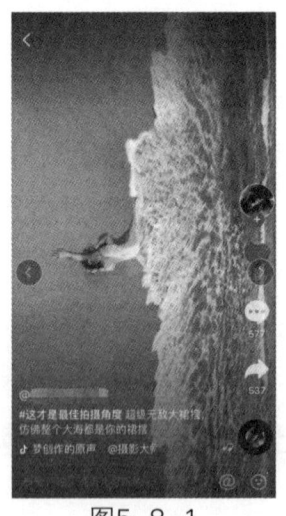

图5-8-1

仰拍最常见的是以天空为背景,如图5-8-2所示,但这种拍摄还是以人眼的位置为准的。具有创意的是从低于人眼的位置拍摄,比如将相机放置于地面上,与人的脚平齐,这样拍摄出来的人物就会显得很高大,而且腿会明显拉长，这给一些想拥有大长腿的小哥哥小姐姐们带来了福音。

图5-8-2

背景角度

很多人在拍摄的时候不注意背景，或者只是感觉背景不错，直接就拍，这样拍摄出来的效果很一般。比如有人拍摄朝阳，只是简单地拍摄日出，而有创意的人会拍摄出手掌托着太阳的效果；更有创意的人会借助建筑、花草等创造出不同的气韵，比如透过蒲公英拍摄朝阳，会将阳光漫射开，从而营造和煦温暖的气氛。

当背景很杂乱时，要学会做减法，找到合适的角度将背景中的杂乱因素屏蔽掉。如图5-8-3所示，这个台阶本身就显得不简洁，再加上人来人往的，更给画面造成了纷乱的感觉，这时换个角度，从台阶下往上拍，就能保留自己要的人物，而排除了其他因素。

图5-8-3

在拍摄较大的背景时,我们可以利用背景中的对称因素,这些背景一般都是建筑,比如桥、钟楼等。这些背景在画面中对称出现就会有一种沉稳平衡的感觉(见图5-8-4),如果拍摄角度不对,只拍摄到对称因素的一角,就会完全失去应有的趣味。

图5-8-4

在背景较远而显得较小时,可以采取斜角拍摄的方法。比如在上海外滩拍摄东方明珠电视塔,就可以把摄影机斜过来,然后手在画面里摆出各种姿势,拍出来的效果就会很有趣。

当然,背景角度和镜头角度其实没有严格的区分,很多时候这两种角度都会用到。比如短视频中有很多趣味入镜视频,先选择一个较简洁的背景,仰角拍摄,然后利用纸板或树叶等进行遮挡,等到纸板等撤掉之后,后面的人物就会呈现在镜头里,由于角度是仰角,会给人很意外的感觉。

知道了这些角度原理,就可以随心所欲地进行创意拍摄了。比如在平拍人物时,可以制造一些前景,而镜头相对于这些前景是仰角或俯角,这些前景一般不是大物体,而是像树叶、水珠等极小的物体,由于前景与人物相对于镜头的距离不一样,拍出来的大小就会产生极大的差异,这也会给人们造成心理失衡,由于美感或者来源于平衡与对称,或者来源于失衡与不完美,所以心理失衡也会造成别样的美感。如图5-8-5所示,这位创作者将易拉罐倒水作为前景,将人物作为背景,使画面产生了极大的冲突,从而使视频变得有趣起来。

图5-8-5

第六章
编发：专业剪辑加上传助你上热门

1.App：移动端短视频加工好帮手

短视频创作者在制作视频时肯定会需要加工视频，但是有的创作者并不是专业视频加工人员，不会使用专业软件，而有的创作者想用移动设备制作视频，下面就介绍一下在移动端上可以简单操作的App。

VUE Vlog

VUE Vlog是一款功能强大的视频加工美化App，视觉设计比较简洁，视频加工的主要功能包括"分段""添加文字""添加贴纸""剪辑""添加音乐"等，创作者可以用这个软件拍摄视频然后再进行加工处理，也可以从相册选择已经拍摄好的视频。需要注意的是，这款软件只能处理、生成时长60秒以内的视频。

点击App下方的拍摄按钮后，App会让用户选择拍摄或是导入文件。用户导入文件后，会出现视频编辑页面，最下方是菜单栏，包括"分段""文字""贴纸""剪辑""音乐"。在"分段"功能中，如图6-1-1所示，可以设置画幅、静音、截取视频片段、调整镜头速度、滤镜、画面调节、美肤、旋转、裁剪、变焦、倒放、复制、分割、原声增强；在"文字"功能中，可以为视频添加标题、字幕、时间、地点、标签等；在"贴纸"中，可以为视频添加边框、特效等；"剪辑"中的功能也可以在"分段"功能中找到，有截取视频片段、调整镜头速度、分割和复制；在"音乐"功能中可以添加音乐和录音。这些功能都很简单易操作，非专业人员可以迅速上手。

第六章 编发：专业剪辑加上传助你上热门

图6-1-1

用户选择拍摄视频，就会进入拍摄界面。只要左右滑动屏幕，就会切换不同的滤镜。点击右下角的自由模式或分段模式，就会弹出对话框，如图6-1-2所示。自由模式不限时长和分段数，但是不能大于60秒；分段模式会固定时长和分段数。对话框的正下方红色按钮是拍摄按钮，拍摄按钮左边的长方形按钮是调整画幅按钮，三个圆圈的按钮是滤镜，拍摄按钮右边的相机按钮是镜头切换按钮，最后一个按钮是调整镜头速度与美肤的按钮。

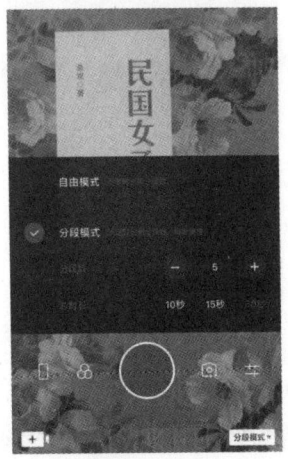

图6-1-2

小影

小影是一款综合视频制作编辑功能和视频发布功能的App，这款App的视频加工能力非常强大，不仅可以自己拍摄视频，或者导入拍摄好的视频，还可以将照片制作成MV。

自己拍摄视频的功能有美颜相机和音乐视频，这两个功能中都可以加入贴纸，音乐视频功能还可以上传音乐。拍摄好视频后进行剪辑，如图6-1-3所示，下方的菜单栏有"主题·配乐""镜头编辑""素材·效果"选项。"主题·配乐"就是选择主题和音乐。"镜头编辑"的功能有滤镜、比例和背景、修剪、分割、变声、复制、变速、调色、镜头倒放、静音、旋转、转场、图片动画等，特别需要注意的是，这里还有一个添加多个视频的功能，点击右下方"+"号按钮就能添加视频。"素材·效果"中的功能有添加多段配乐、字幕、马赛克、水印、贴纸、画中画、特效等。综合使用这些功能就能做出大片效果。

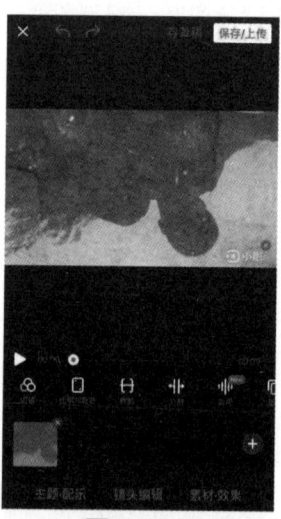

图6-1-3

将照片制作成MV的功能与视频加工的功能完全一样，只是可以导入照片，给每个照片设置播放时长，这样就非常方便制作卡点视频了。

巧影

巧影也是免费App，功能也很完善，比较适合专业人员。巧影的视频制作效果比较精细，可以精确到每一帧，而且在剪辑的过程中可以随时预览效果。这个软件还支持多个图层，可以随时调整图层位置和时间，也可以调整转场的时间。另外，它还支持抠图，在绿色背景下可以进行颜色识别。

打开巧影软件，导入视频之后，可以选取某个关键帧，巧影有一项功能是"在播放指针处捕捉并保存关键帧"，可以将关键帧保存为图片。在视频编辑功能中可以导入一个背景层，背景层可以设置颜色，颜色是RGB模式的，可以选取0~255之间的任意整数值，比如R和B的值设为0，G的值设为255，就会显示纯绿色。因为纯绿色背景层可以抠除，而巧影还支持多个图层，所以有的创作者利用这些特点做出了特效很神奇的视频，比如"隐身""分身""灵魂出窍"等。

其他可以进行视频编辑的App还有很多，比如快剪辑、InShot、汇声绘影、爱编辑、快影、简影等，它们都各有各的优势，适合不同水平的创作者，创作者可以根据自身需要选择App加工视频。

2.剪辑音乐：让音乐长度更符合你的视频

我们在观看一个视频时，如果视频已经播放完了，但是音乐却中断了，我们是不是感觉很难受？而有的视频很完整，歌曲的尾音结束了，视频也就结束了，用户就会感觉很畅快。

比如有一个视频是女生穿搭类，为了配合女生的动作，配乐是《你笑起来真好看》，可能是为了让节奏和动作完美结合，音乐变成了

"你笑起来真好看,像春天的花一样,把所有的烦恼所有的忧愁,统统都吹散。你笑起来真好看,像夏天的阳光,整个世界全部的时光,美得……",最后的几个字没有唱完,视频就结束了,有的用户就会感觉视频在为自己挠痒,挠到一半就停止了,反而让自己更加刺挠。

在短视频平台上的视频几乎都是有背景音乐的,但是背景音乐和视频的时长不符合,或者音乐与视频节奏不融洽的情况经常出现。如果选取的音乐片段是平台上现成的曲目,只需要保证视频长度合适就好;而如果是自己添加的背景音乐,就需要借助软件来实现音乐与视频的和谐。

音乐太长,轻松剪辑

很多创作者是根据现成的音乐片段拍摄的视频,比如"抖音"上有拍同款,创作者点击之后就会用现成的音乐进行拍摄,所以他们会根据音乐的曲调创作视频内容,比如舞蹈、穿搭、语录、搞笑等类型的视频,在音乐低谷的时候含蓄,在音乐高潮的时候出人意料。但是有的创作者上传的是自己找的音乐素材,那些专业人员可以让音乐配合视频内容,而非专业人员就显得捉襟见肘了。

对于非专业人员来说,当然最好选用较长片段的音乐,比如选一首歌,然后根据视频内容选取音乐中的一部分,操作也较简便,只是将音乐节奏切合视频节奏,需要创作者反复尝试,这需要很大的耐心。

音乐太短,专业软件来帮你

音乐拼接的做法比较简单,但是效果不一定能达到目标。拼接音乐一般要使用Premiere,导入视频和音乐后,如果音乐时长比视频短,可以复制音乐片段,然后将复制后的音乐片段放到原片段的后面,选择复制后的片段中与原片段结束部分相似的开始部分,经过剪辑、粘贴后,将两段音乐拼到一起。

如果音乐节点与视频对应得不合适,可以选取关键帧,拖动调整线,加入淡入淡出效果。如果两段音乐衔接得不是很融洽,还要进行下一步操作，如图6-2-1所示，在"效果"功能中选择"恒定增益"，给衔接处加上这个效果会让音乐自然过渡。当然，这个方法也可用于对几段音乐进行拼接，但是由于操作简便，音乐衔接的效果不是很理想。

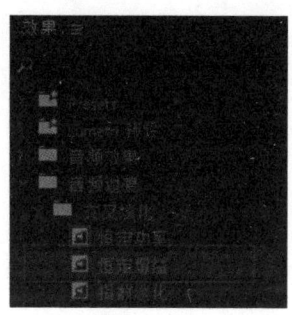

图6-2-1

自动混音需要用到Adobe Audition，在这个软件中新建一个多轨混音项目，将需要用到的音频文件拖入编辑器后，在"属性"功能中找到"启用重新混合"，点击之后，软件会对音频进行分析。分析结束，可以设置音频时长，软件就会对音频进行删减或延长，以达到设置的时间长度。

添加多段音乐，如何消除过渡突兀

有的视频创作者为了突出视频效果，会加入多段音乐，这几段音乐就要拼接起来。但是音乐节奏等不一样会导致衔接处很突兀，这时解决的办法有很多，简单的是将音乐片段起始处对准视频爆发点，比如视频中有特效画面，在特效出现的同时，换成第二段有爆发力的音乐，就不会显得太突兀。

如果视频中没有太明显的爆发点，并且第二段音乐与第一段音乐衔接太生硬，这时也可以尝试采用软件的"淡出淡入"效果。如果第一段是旁白或配音，第二段是纯音乐，纯音乐切入的节点很明确，比如视频中拍摄的是小猴子，小猴子戴上墨镜的一瞬间响起音乐，之前是配音，音乐的效果是让视频看起来很滑稽，所以音乐是固定的，而配音如果较短，就可以延长,如果配音较长,也可以压缩,直到音乐响起。因为配音延长或压缩会让语调产生变化,所以延长或压缩的范围一般是原声的95%~105%。而压缩原声会让声音听起来滑稽、尖利,延长原声会让声音听起来浑厚、呆滞,所以是否可以压缩也要看视频内容而定,如果视频是幽默搞笑类,适当压缩会带来更好的搞笑氛围,延长就可能适得其反。

3.定主题:制作一张秒杀全场的精美封面

短视频也要靠颜值吸引流量,它的颜值就是封面,一张高颜值的封面可以引来大量围观用户,可以说,有一张好封面,短视频就成功了一半。

这自然和人们追求美和猎奇心理有千丝万缕的关系,每个人都喜欢看美女和美景,也有人对奇怪的东西很好奇,用户在看到这类封面时,心理上就会引起一连串的反应。比如看到美女,就想仔细看一看,是不是自己喜欢的类型。这些用户大多是青年人,青春荷尔蒙无处安放,而短视频平台的用户大多数是青年人,所以这样的封面很符合用户需求。

因此,封面是创作者必须重视的元素。那么封面该怎么制作,又该注意什么呢?

学习制作封面,带你上高速

拍摄完成或者上传视频之后,进入视频处理界面,点击"下一步",进入发布界面,如图6-3-1所示。在右上角的封面下面有"选封面"三个字,点击之后进入选封面界面,如图6-3-2所示。手机下方是已选封面对话框,所列出的图片是视频的关键帧,创作者可以选取其中一张作为封面,选好之后点击右上角的"√"号,就会返回发布界面,再进行其他操作就可以了。

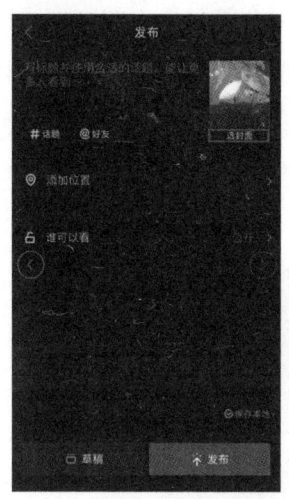
图6-3-1

图6-3-2

这是选取关键帧做封面的方法，需要注意的是，视频是动态的，所选关键帧可能会模糊，创作者在选择的时候要仔细查看封面是否有模糊不清的地方，并选取最吸睛的那一帧。如果感觉视频中的关键帧都没有达到理想效果，我们就要借助其他软件来做封面了。

我们经常看到很多封面不是选取的关键帧，而是另外做出来的，这对于专业人员来说很简单，只要使用专业软件就能做出来，而新手或者非专业创作者可以用App进行操作。比如使用小影，将已经制作好的封面图放在最开始，设置时长为10帧左右，小影就会将封面和视频连接起来，而封面的时长也会让用户感觉很舒服。

几种典型封面，想不火都难

有很多封面不只是视频的截图，还会有文字、特效等，这些封面更加吸引流量。下面就介绍几款火爆封面。

一是封面上直接打上文字的。如图6-3-3所示，这类视频往往选取视频开头几帧直接打上文字，这些文字可以直接传达出视频主要内容。

它们具有标题的性质，但是在短视频平台上，它们的作用往往比标题更大，因为标题字很小，用户的注意力更会被封面上的文字吸引，而且在用户查看作品时，无法看到标题，这些文字更取代了标题的作用。这些文字还可以设置颜色和风格，让用户更有代入感，或激起他们内心的情感，比如"少女心爆棚的女孩房设计"，字体颜色是粉色，字体风格具有青涩感，这非常吸引女生。

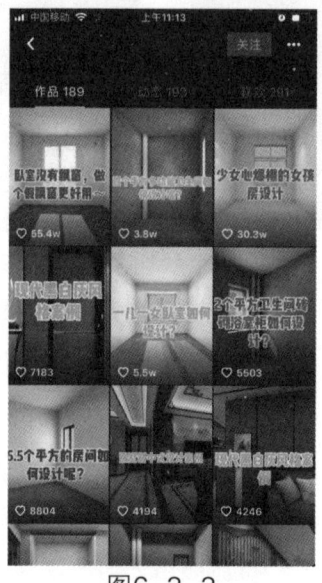

图6-3-3

二是贴片式封面。如图6-3-4所示，这类视频封面一般是先设计好一种贴片样式，以后制作的视频只改变贴片中的文字等信息，这些贴片在封面上的位置一般都是位于下方，上面显示视频内容或者加入贴纸等特效。这类视频为了突出贴片，还会将视频封面进行虚化处理。

图6-3-4

三是遮罩式封面。如图6-3-5所示,这类封面一般是在封面上下处留有空白,空白部分以纯色填充,上面会加入文字或特效。这种封面的优点是可以将文字等信息与照片分开,不用担心文字遮住图片上的信息。需要注意的是,图片的位置要靠上,不能上下居中。因为人的视觉习惯会将物体的重心上移,这叫作"视觉重心",上下居中时,物体的物理重心是居中的,但是视觉上会感觉物体太靠下了,所以做这种封面时,创作者需要反复试验图片的位置。

图6-3-5

四是设计自己的封面模板。我们经常会见到一些封面是单独做出来的，具有某种统一性，或者封面设计得完全一样，只有标题不一样，如图6-3-6所示，这会让用户感觉很整齐，从而留下深刻印象。或者根据剧情设计封面，而这些封面的风格是相同的，如图6-3-7所示，这种封面富有变化，不会让用户感觉疲劳。

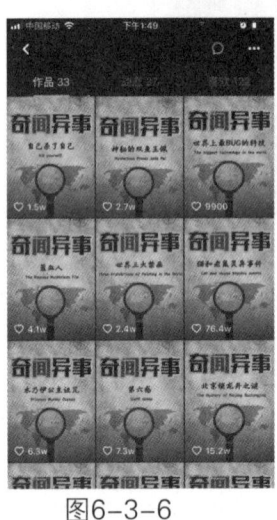

图6-3-6　　　　　　　　　图6-3-7

有文字、特效、图片的封面需要注意排版，字体字号要根据层级来设计，但不能太小；字体颜色也需要注意，不能和背景颜色相近；封面上的字数一定不能太多，多了就会让人抓不住重点。另外，有些复杂的封面还会有点缀、辅助信息等，这些信息之间要有界线，不能混在一起，不然会给用户带来很糟的视觉体验。

4.加文字：利用文字锦上添花

很多短视频都会有字幕，有的视频还会闪现文字。字幕可以帮助用

第六章 编发：专业剪辑加上传助你上热门

户快速理解博主的话，比如英文口语视频都会添加字幕；而弹幕一样的文字可以让视频具有动感、幽默感、活泼范，因此，文字是视频中增加亮点的要素。下面就看看怎么给视频添加文字。

"抖音"上可以加文字，你"抖"了吗

自从"抖音"上可以添加简单的字幕后，创作者们很是兴奋。因为如此一来，创作时就不必借助其他软件和App了。我们先来看看"抖音"的这项功能怎么样。

在"抖音"上上传视频之后按照操作步骤进入视频处理界面，在左下角找到"文字"图标，点击之后就会打开输入框，如图6-4-1所示，文字输入框的上面是设置选项，可以设置字体颜色、风格、对齐方式和文字呈现方式。"A"字样的按钮是设置文字呈现方式的，一共有三种形式：第一种是纯文字，无背景；第二种是文字反白，带有颜色底纹；第三种是底纹半透明，文字的颜色较浅。"A"右边的按钮是对齐方式，也有三种：居中、居左、居右。剩下的两种功能用户一目了然，字体风格有"经典""现代"等，字体颜色也很丰富。设置完成点击右上角"完成"就会进行下一步操作。

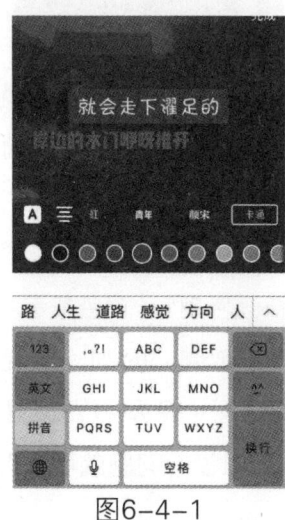

图6-4-1

字体设置完成后，点击视频上的文字，文字周围就会出现一个边框，如图6-4-2所示，我们可以看到，这个边框的四个角上分别有一个按钮。左上角的按钮是"×"，点击之后就会关闭文字，相当于删除功能。左下角的按钮是修改文字功能，点击之后就会再次弹出文字输入框，可以对文字进行修改。右下角的按钮代表放大、缩小、旋转功能，按住往外拖就会将字体变大；反之，文字就会变小；按住旋转，就会扭转文字方向。

图6-4-2

最重要的是右上角的时间按钮，点击之后就会打开时间设置界面，如图6-4-3所示，在手机界面下方是时间设置功能区，上面是视频预览区。在关键帧缩略图上，我们可以看到黄色条带，这个条带可以设置文字的出现时间、结束时间、持续时间，持续时间在设置区的左上角显示，例如，图中的持续时间是4.2秒。黄色条带的左边是文字出现时间，图中是4.9秒，就是说视频播放到4.9秒时，出现视频上的文字。黄色条带的右边是文字消失时间，图中是9.1秒。设置好后可以点击右边的播放按钮，观看预览效果。如果没有问题就可以点击右下角的"√"号按钮，进行下一步操作。

第六章 编发：专业剪辑加上传助你上热门

图6-4-3

如果视频中有多段文字，或者有字幕，就要对文字分别进行设置。例如字幕效果，因为字幕始终出现在一个位置，所以上一段文字消失之后才能出现下一段文字，而且字幕要和配音完美搭配，所以文字的出现时间和消失时间要反复设置才能达到理想效果。如果想要视频中的文字不重叠，并且出现时间不一样，但是消失时间一样，这就要精细到零点几秒了，所以文字的时间设置非常考验创作者的耐心。

"抖音"做不到的，只能用软件了

由上文可见，"抖音"只能简单设置字幕等，对于具有特效的文字无法设置，比如文字出现方式是逐个出现逐个消失，或者像弹幕一样可以移动。设置这些文字特效就要借助软件了，Premiere的功能就完全可以实现这些特效。

首先，设置滚屏字幕。Premiere可以设置文字垂直滚动和水平滚动，在设置字幕的参数时要注意单位，时间单位是帧，不是秒。在设置文字滚动属性时，需要注意文字在滚动前位于屏幕外，滚动结束也位于屏幕外，所以需要设置开始和结束的属性都是位于屏幕外。而且文字在

短视频运营实操手册

移入屏幕中时,速度一般是缓慢增加的,达到一定速度后开始匀速移动,所以还需要设置相关参数。

其次,有的视频中的文字会有大小变化,这个特效主要是选中关键帧,设置文字大小比例,比如第一秒关键帧处的文字大小为80%,第二秒关键帧处的文字大小为100%,第三秒关键帧处的文字大小为140%,就会看到文字由小变大,并且变大的速度越来越快。另外,Premiere还可以将字体变形,比如"扭曲"功能等。

5.添位置:发布时添加位置吸引同城好友

短视频平台上都会有定位功能,例如在"抖音"的首页就有"推荐"和"同城"两个选项卡,想要在同城交友或者想看到同城人的生活的用户就可以点击观看,所以短视频软件一般在用户下载之后就会让用户确认是否开启定位。那么,开启定位都会有什么具体的好处呢?

吃喝玩乐,大数据帮你找到朋友圈

短视频平台采集用户和创作者的位置信息,可以进行数据统计。在软件上可以看到,这些短视频软件的定位功能非常精准,能够定位到街道甚至建筑物。有了用户的位置信息,平台可以分析哪个城市人多,哪个街道聚集了大量有相同需求的用户,再根据创作者和用户的观看、上传等数据,分析不同位置的人们的喜好,然后就可以推送符合用户需求的视频了。比如用户定位是北京,那么平台就会推荐北京的美食、景点、酒店、街头穿搭等视频,由于是一线城市,视频种类极其多样。

从小到大都生活在一个城市的人必然对自己的家乡非常喜爱,家乡的人发的视频如果很有价值,用户就会产生自豪感,从而点赞关注。而对于那些喜欢吃喝玩乐的用户来说，家乡新出现的场所必然吸引他们前去一玩，没有时间去的人也会多看几眼，这种视频必然引来同城人的大量关注。比如即将举行冬奥会的张家口发生了翻天覆地的变化，很多地方变得认不出来了，这类视频吸引了很多当地人。

而走出家门到大城市务工的用户对家乡也有留恋之情，当他们看到家乡有了让人惊叹的工程后，肯定会油然而生自豪之情。比如清远市黄腾峡生态旅游区建造了一座极其宏伟的玻璃桥，旅游区发布的单个视频的点赞量就超过200万，评论区里很多人说："看看我们大清远！"很多人都为了见证自己城市的奇迹来到这个地方拍摄视频，带动了景点的火爆。

短视频平台也是重要的社交平台，很多人通过同城视频建立了关系。有的用户在评论区评论之后，就会表现出他是这个城市的人，别的粉丝查看了他的信息之后，就可能会关注他，如果他们有共同兴趣，就可能会组团去旅游。

点赞量不高，定位有问题

因为短视频平台是根据创作者的定位给用户推荐视频的，所以如果创作者的定位是个小城镇，平台就会优先给这个小城镇的用户推荐视频。小城镇的用户本来就少，点赞量自然上不去，而平台又会根据视频的点赞量等数据分配流量池，所以这类视频无法获得很好的推荐。

另外，短视频的用户一般都是青年人，而这些青年人要么在外地上学，要么在大城市务工，他们的定位默认是所在城市，所以他们看不到自己家乡的视频。针对这些因素，创作者就需要注意在定位上的策略。

有的创作者在发布短视频时会根据自己的视频内容和目标用户改变定位，比如有的创作者不开启定位，这样就不会被地域限制住；而有的创作者发布的内容是自己新开的店铺，主要是为了吸引同城用户，就要加上自己的定位。

发布视频时，如何添加位置

添加位置这项功能很简单，以"抖音"为例，拍摄好的视频处理完毕后，进入发布界面，如图6-5-1所示，找到添加位置选项，点击之后就可以搜索自己所在的位置，如果不选择位置信息，就不会显示位置。如果没有开启定位，系统不会生成"添加位置"下面的各个地点，开启定位之后，下面显示的这些地点就是创作者周围的建筑。

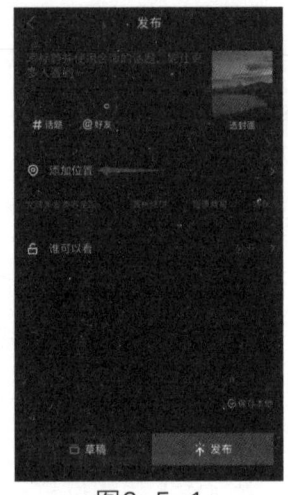

图6-5-1

还有的创作者会修改自己的个人资料，将所在城市改成国外或者别的城市，这主要是出于隐私考虑，由于这个信息不受定位影响也不影响定位，往往不真实。但是这个信息会引来很多同城粉丝的关注，这个信息的设置是在个人主页里，如图6-5-2所示，点击城市信息，就可以选择自己想设置的城市。

图6-5-2

6.@好友：让你关注的人和关注你的人第一时间看到

很多短视频都会在标题上@某些人，这些人可能是创作者关注的人，也可能是他的好友，那么@这些人有什么用呢？当然最基本的作用是让被@的人观看视频，但是，@好友还有更重要的意义。

老司机带带我

很多新手在创作视频时@好友，会让好友观看视频，出于好友的关系，被@的人就会点赞分享。受短视频的推荐机制所限，新手的视频一般不会有太高的人气，如果自己不想办法增加关注量，就难免沦为尾部创作者，@好友可以让好友帮忙来增加播放量，但是因为@的人不能太多，所以@好友要有所选择。

在"抖音"上，我们经常能见到有的视频@抖音小助手，或者@抖音星探家，这是因为这些被@的账号是平台官方账号，它们也会观看视频，如果看到精品视频，它们就会将精品视频放到大的流量池里。而无论是新手还是大咖，都希望自己的视频被选为精品视频，所以都会@这些评选精品视频的账号。

有些创作者对评选精品视频所抱的希望不大，而他们的好友中有大咖，他们就会利用这些资源来推广视频。比如有的创作者的视频点赞量一直是几千，而他的好友的点赞量能够达到上百万，这些创作者会拍摄好友的同款视频，或者创作与好友的视频内容相关的内容，上传视频之后@好友。一方面是让好友看，好友就会评论并转发这些视频，而他们的评论会出现在他们的动态里，粉丝看到之后就会点击观看；另一方面是让粉丝看，有的粉丝知道这些大咖，出于好奇，他们会探究大咖与创作者的关系，就会查看创作者的其他视频，出于对大咖的喜欢心理，他们也会爱屋及乌地喜欢创作者。

有的视频创作者还会@背景音乐的原创者，或者歌曲原唱，这当然也是希望他们能够发现自己，如果自己的视频是精品，原创者也会为了推广自己的歌曲或音乐而转发视频。

很多粉丝会进入明星的个人主页查看他们的作品或者喜欢的视频，他们会发现，这些明星经常会给一些流量并不大的视频点赞，这些视频或多或少与这个明星有关，都会@这个明星，拍摄者或者是明星旗下的工作人员，或者拍摄的是明星出席的活动。因为有的明星的短视频是由专门的工作人员来操作的，而有的明星会自己玩，他们经常给精品视频点赞，所以创作者如果有精品视频，并且感觉明星本人会对视频感兴趣，就可以@他们。比如视频内容是对孝道的看法，而某个明星非常孝顺，这时@这个明星就可能让其大为赞同。而明星的粉丝众多，明星关注的内容，肯定会引来不少粉丝观看。

把手给我，我带你飞

很多大咖还会@自己的好友，或者@自己的小号，这主要是为了帮助好友上热搜，因为大咖的流量大，每个视频都会有上百万的粉丝观看，这些粉丝看到大咖@了某个人，就有了解这个人的冲动，点击这个人的昵称就会进入他的主页，如果看到他的作品正好符合自己的需求，自然会点关注。

有的短视频中，博主还会和别的博主共同出镜，他的粉丝如果被这位新人惊艳到了，自然想知道这位新人是谁，博主@这位好友就会给粉丝了解的通道，很多人都会因为喜欢这位新人而点关注。所以这些大咖的一次@就有可能给好友带去上万的粉丝。

如何@好友

@好友的功能也在发布界面,如图6-6-1所示,点击@好友按钮,就会打开好友列表,这个列表里不仅有和自己互粉的好友,还有自己关注的账号。

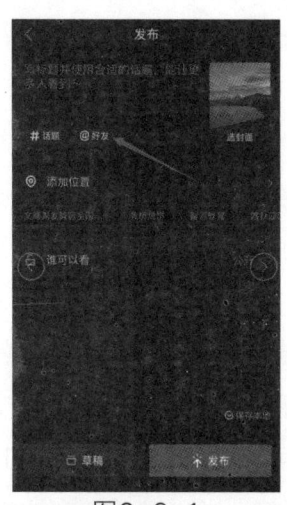

图6-6-1

需要注意的是,@好友的上限一般是五六个人,但是通常选择两三个好友即可,因为被@的好友名字会出现在标题上,他们的名字字数是算在标题内的,标题的字数太多会产生副作用,而且@好友也是给粉丝看的,粉丝如果看到标题上@好友太多,也会产生厌烦,所以@好友也要精准,不能盲目。

7.定时间:抓准时间事半功倍

时间也对短视频有一定的影响,这里所说的时间包括视频发布时间和视频时长等。有的创作者很注意时间因素,从而取得了理想的效果。

短视频运营实操手册

发布时间

发布时间就是创作者将视频发布到平台上的时间。这和微信的公众号相似,很多微信公众号都有固定的发布时间,这是为了让粉丝在固定的时间阅读。有些公众号为了了解读者的阅读习惯,还会调查读者的空闲时间等。因为人们在上班的时候很少浏览文章,而下班回家以后要忙着做家务,所以找到用户的空余时间很重要。

由于短视频有推荐机制,所以创作者很少注意发布时间的影响,而且无论什么时候发布视频,发布时间前、后或同时总会有大量的视频发布。用户一般都会看到刚刚发布的视频,由于用户存在审美疲劳,早些时候发布的视频就会过"保质期",所以如果创作者的视频不够优质,很难与众多高手一较高下,必然淹没在视频大潮中。那么短视频应该在什么时候发布比较合适呢?

由各个平台的数据可以发现,中午时段和晚上8点到11点时段是流量的高峰期,而早晨也会有一个小高峰,在这些高峰期里,用户量大大增高,很多创作者就会选择在这些时段发布视频。众多大咖也会发布视频,然而,这些大咖一般集中在大城市、旅游区、学校等地,所以定位小城市的创作者利用好黄金时段就能吸引一定量的粉丝。

那些定位大城市的创作者由于竞争很激烈,不得不考虑用户的习惯。大城市的很多用户都会在早晨、下班挤地铁,他们在坐地铁的时候就会刷短视频,而且用户一般都会优先观看推荐视频,然后再刷自己关注的视频,所以拥有一定粉丝的创作者必须把握好时间,在多数用户开始刷视频的时间推出新视频,才能使播放量最大化。

对于粉丝量较少的创作者和新手来说,他们发布的视频很难上推荐,也由于关注量少,即使在用户观看视频的高峰期也未必能引来大量流量,所以先采取步步为营的策略较好,也就是目标不要太高,每天吸引一定量的粉丝就可以。这就需要放弃在高峰期发布视频,因为非高峰期也有人浏览视频,这些时段竞争压力较小,这些用户除了有一些是工作时间特殊的人外,还可能有一些专门研究短视频的人,粉丝量少的创作者可以专门吸引这些用户。比如曾有一个酒吧经理在上午空闲时间观看视频,发现同城有一位歌手的视频很不错,但是粉丝量较少,就邀请他到酒吧驻唱,这对于歌手是很好的机会。

视频时长

视频时长就是短视频的时间长度。短视频应用对视频的最长时长有不同的要求,比如"抖音"上的视频最长不能超过一分钟,大多数视频都是15秒以内;"今日头条"上要求视频时长在4分钟以内;"快手"则认为57秒是短视频的最佳长度。

短视频之所以有时长限制,就是由于时间太长会让用户产生腻烦心理,时间太短又会让用户看不清、不过瘾。而且短视频的用户大多数是"90后""00后",这些青年人都习惯在短时间内看完一个视频,所以创作者必须掌握好自己的视频长度,以最合适的时长给予粉丝最舒适的观看体验。

视频节奏

说到视频时长,自然要讨论视频的节奏,因为二者相辅相成,时长较短,节奏太快,用户没看清,镜头就过去了,这种体验非常不好,而节奏太慢更会让用户厌烦,所以创作者必须反复试验视频节奏。

短视频平台上经常看到一些图文MV,这些视频一般是情商类的内容,文字是高情商对话,因为文字需要用户花更多的时间去阅读,所以如果图文更换的速度太快,用户几乎什么都看不清。有的创作者会设置每张图片的播放时间为3秒,图上只有一两句话,但是用户在3秒内还是看不完一句话,所以这个节奏还是太快,换成4秒播放一张图片还比较合适。

有的技能类视频是正常速度播放的,由于人在操作时比较慢,所以用户的体验也不好，创作者需要考虑采取倍速播放，而且倍速播放很有动感，很适合短视频的快节奏，所以美食类、书法类等视频都在采用这种方式。

还有的创作者会拍摄某个场景，由于移动相机时动作要稳，所以速度就会放慢。这样的视频可以采取两种方式解决，一是有的片段采用倍速播放，有的片段采用慢速播放，这样视频就有了抑扬顿挫之感；二是将视频变为照片，照片可以利用卡点视频的方式做成MV，卡点视频本身具有节奏，自然会带动用户的激情。

第七章
涨粉：让粉丝噌噌暴涨的引流秘籍

1.熟人引流：让忠粉带新粉

很多短视频运营者都会遇到粉丝量难以增长的问题，有些视频内容很优质，但是限于平台的推荐机制等，关注量很低，有些视频的播放量虽然达到了一定的规模，但是很难再上一个台阶。有些运营者长期不能收获大量的粉丝，不得不放弃账号，或者重新建立一个账号，或者转到其他平台上运营。其实，他们都没有重视熟人的作用。

我们在商场里买东西时，如果看到某个店里围了很多人，肯定会过去观看，这就是人们的围观心理、从众心理。短视频运营也需要利用这种心理，通过和忠粉搞好关系，让忠粉带来新的粉丝。

亲友团助阵

有些运营者建立账号后会打造亲友团，让亲友团帮忙转发、分享短视频。他们为了方便分享，争取让亲友都下载短视频应用，然后让他们关注自己，自己有作品之后就让亲友团观看、转发。他们还会建立微信群聊，借助社交平台扩散自己的短视频（见图7-1-1）。

图7-1-1

比如，有个运营团队把各自的亲戚、朋友、同学拉进群聊，再让他们往群聊里拉人。每次在微信群里发布短视频时，他们都会发红包，并建议新人下载应用。新人感觉视频不错，就会下载应用、分享视频，再拉入新人。这样，运营团队的粉丝就像核爆炸一样，规模不断地扩大。

需要注意的是，微信群聊有一定的活跃周期，人数在前期一般会猛增，到了一定程度之后会趋于稳定，最后群聊里的用户就会沉寂下来，所以运营者在前期发布视频时要多与群友互动，多增加新鲜感，运营者的视频是具有垂直性的，微信用户看多了会感觉疲劳。因此，运营者不要一味地推广自己的视频，可以和群友天南海北地聊聊新鲜话题。

运营者也可以将短视频发布到微信朋友圈里，但是无论是发到群里还是朋友圈里，都要注意不要过火，因为微商做的就是熟人经济，他们在朋友圈发布产品信息已经招来了熟人的厌恶，短视频运营者要吸取教训，让亲友感觉快乐才能让他们帮忙引流。

有的运营者会让亲友团在短视频评论区评论，有的亲友会很幽默地评论一下，有些运营者也会主动编辑评论让亲友代发，以营造活跃的气氛。比如某个搞笑视频里有个人问："人们都说女人20岁就成熟了，而男人却很晚，那你是什么时候成熟的？"另一个人回答说："其实男人哪有成熟的时候，你看我们手里的玩具，是不是越来越贵？"运营者上传后，感觉还可以再搞笑一点，就让亲友评论说："为什么男人长不大？你看看家里谁管钱就明白了。"该视频收获了很多男粉丝。

活跃用户引流

亲友团的力量毕竟有限，他们往往拉来几百人就到上限了，所以熟人引流还是要靠活跃用户。活跃用户引流主要是依靠评论区的留言，新粉看到评论区气氛很热烈，就会感觉视频很吸引人，自然会有关注的冲动。

因此，要依靠活跃用户，就要尊重他们，及时回复他们的留言。有很多忠粉会在评论区留言，运营者在看到以后要及时回复，如果经常不回复评论，忠粉就会感觉自己毫无存在的价值，没有受到主播的重视，慢慢就会不再评论、不再观看视频了（见图7-1-2）。

图7-1-2

因此，运营者需要在评论区留住忠粉，最好每隔一段时间看一下评论，如果精力不够，可以选择性地进行回复。需要注意的是，运营者在回复的时候，要从正面回复，不能引起粉丝的反感。运营者如果情商很高，还可以加点有意思的回复，粉丝们看到以后就会感觉很开心，从而认为在这里可以享受社交狂欢，这也是吸引粉丝的手段。比如一个短视频的背景是图书馆，有人评论说："怎么图书馆规定不准穿拖鞋进去？"运营者回复说："管理员怕有人吐到书上。"看到这条评论的粉丝都忍不住给了个赞。

评论区还会出现粉丝对视频的建议，这些建议都是改进视频的参考，如果粉丝看到自己的建议被采纳了，就会感觉自己很有价值，他们为了凸显自己的价值，也会拉新粉来围观。

2.平台引流：多个平台同时运营推广

短视频犹如富含地下水的井，运营者在这里找到了充沛的水源，但是短视频运营者越来越多，打的井也遍布平台，地下水自然会被各个运营者抢占殆尽。所以运营者想要生存，就必须在多个平台上打井，这就是平台引流。

平台引流要在多个平台上同时运营，这些平台不仅有短视频平台，还有传统长视频平台、微信等社交平台和浏览器等搜索平台。

短视频平台

在多个短视频平台上同时运营的原因就是各个用户使用的应用不一样，有人喜欢用"抖音"，有人喜欢用"快手"，有人喜欢用"美拍"等；而用户使用不同的应用也有不同的原因，有人喜欢某个应用的功能，有人感觉在某个平台上有一种归属感，有人只是出于使用习惯，所以运营者在多平台运营时要考虑用户的不同心理。

比如"抖音"刚出现时，它的定位是音乐短视频，所以用户很多是喜欢音乐的。虽然"抖音"后来成了综合性平台，但它的音乐功能还很有影响力，所以很多运营者会利用"抖音"上的音乐制作短视频。而"美拍"的用户对明星、美妆、时尚、美食等方面需求很大。

由此可见，多平台运营要分析用户需求，如果某个平台的用户对自己的视频内容没有需求，那么在这个平台上发布短视频就会得不偿失。运营者要切记，多平台运营不是只做同一垂直性内容，而是要根据平台的属性，既精细化运营，也要在垂直性内容周边有所发展。比如某个运营者在"抖音"上发布的视频内容是美妆购买技巧,在"美拍"上发布的内容是时尚美妆,这样就在不同的平台上扩大了影响。

但是,运营者制作不同内容的短视频是需要大量精力的,所以选择多平台引流的一般是大公司或者团队,个人如果想多平台运营,只能选择几个具有代表性的平台。比如某个运营者是做情感类短视频的,自己既要创作内容,又要剪辑、发布、管理短视频,精力有限,就只好选择在"抖音""快手""小红唇"上面发布。

长视频平台

长视频平台包括爱奇艺、优酷等网站,相比于短视频平台,这些网站有很多广告元素,但是这些网站的推荐机制和短视频平台不同。限于短视频平台的推荐机制,有些短视频不能在发布后迅速升温,而长视频网站推荐的视频往往是编辑推荐的,所以只要编辑认为不错,就会上榜。

因此,运营者在短视频未得到广泛认同时,选择另外一些渠道也可以增加流量。

微信等社交渠道

在所有平台里,社交平台传播最为广泛,特别是对于中老年人来说,社交平台是他们最需要的,而其他应用由于对他们的生活无足轻重,所以他们一般不会下载。

中老年人也想了解世界,也要与人交流,短视频就是他们交流的话题,所以中老年人在微信里发送的短视频比年轻人还多,因此,短视频运营者必须在微信等社交平台上有所作为(见图7-2-1)。运营者可以在微信上建立自己的公众号,在公众号上推广自己的视频,也可以在群聊、朋友圈里分享自己的视频,并说明视频的来源,让群友下载应用观看。

图7-2-1

除了一些特殊群聊里发送的短视频具有一定的主题外，其他的几乎没有一定的规律，一般是一些令人惊奇的事，或者内容能激发朋友之间畅谈，基于这个原因，运营者在微信里发布的短视频要有话题点，这样才有利于扩散。比如运营者发布自己宝宝唱歌的视频，用户看了之后没有转发的欲望，而如果是防火知识视频，就会有很多人为了提醒他人注意而转发。

由此可见，微信等社交平台是引流的重要渠道，利用好微信，可以收获一大批忠实粉丝。

浏览器等搜索平台

浏览器也是运营者引流的不错选择，浏览器会根据用户的喜好推荐视频，因此，一些想要大力推广短视频的运营者就可以将自己的短视频挂到浏览器上，利用浏览器的强大功能收割用户。需要注意的是，浏览器在推荐短视频时，可能不会写明创作者，这就需要创作者在视频中提及主要人物的名字或其他重要信息，以给用户留下深刻印象，也方便他们查找，当他们搜到短视频的出处后，很有可能下载应用来观看。

3.互动引流：提高评论量和点赞量

在短视频运营中，互动引流是吸引用户评论和关注的重要手段。有些运营者在上传视频之后就不管不问了，也有些运营者很关心自己的视频，但是对评论感到心烦意乱或者不知道如何回复。其实，短视频就像是商品，运营者如果只是推着车走，不沿街吆喝，也不搭理问价的人，那么自己的商品必然无人问津。

运营者与用户互动就像是商业谈判，只有一来一往地交流，用户才能获取更多的信息，因为短视频是陈列出来的商品，用户只是看到其外观，不能详细了解它的其他信息。比如有些美妆穿搭的短视频，用户只是看到衣服很美，但不知道衣服叫什么名字，也不知道和运营者聊什么才能活跃气氛，他们在评论区的留言往往会问衣服尺寸、材质等信息，运营者的回复就像是售后服务，或许回复还会让用户灵光一闪，想到一些有意思的话题。

互动引流，就是给予用户一些话题，让用户根据这些话题随意生发。比如有的创作者会在评论区自问自答，让用户看完之后也想插上一嘴（见图7-3-1），用户七嘴八舌地评论会让新粉感觉这里很热闹，有些话题也会调起新粉的热情，如此一来，评论量就会持续升高。

图7-3-1

自己评论

如果运营者发现视频没有引起用户热烈的评论,可以主动出击,自己在评论区留言,也可以找亲友留言,可以给出正面评论,也可以"自黑",用户看到评论后就会针对评论给出自己的看法。比如某个动漫短视频发布后,运营者用小号评论了一句:"兔子的牙怎么那么黄?"结果评论区有人跟风评论兔子,有人出来"主持正义",也有人更加幽默地说:"兔子不吃草了,改吃土了。"

重点回复

短视频也有其生长周期,在刚发布之后是其快速升温期,但是这个时期比较短暂,用户看得次数多了,也会产生疲劳,所以运营者需要不定时地和用户互动,从而不时地激发用户的热情,也让新粉感受到运营者很活跃,和运营者对话可以带来意想不到的收获。所以运营者对于之前的评论可以选择性回复,最好是能有与众不同的回复,因为与众不同的回复最有效,无效的回复是在浪费精力。比如有个运营者看到之前一个很不错的视频点赞量、评论量不升高了,他想再让这个视频火一把,他看到评论区有一条留言:"你放下面子去赚钱,说明你已经成熟了,你用钱赚回面子的时候,说明你成功了。"他回复道:"你是成功了才说的,我是赚钱了依然不够整容的。"运营者回复之后将这条评论置顶,新粉看完这条评论马上开心一笑,有人点赞,有人接着评论,而之前的用户看到新的回复也转发给亲友观看,从而带来又一波点赞热潮。

另外,有些用户评论留言是想表现自己,也想得到运营者的回复,他们感觉这是对自己的尊重,所以他们会说:"求翻牌。"也有人对视频有一些建议,运营者可以考虑他们的建议是否可行。有些建议其实是大咖提出来的,根据他们的建议操作,运营者将会得到更多人的关注,不仅如此,这些大咖看到视频中的亮点,或许就会和运营者合作,并帮助运营者推广视频,这都不是不可能的。比如有个运营者是街头歌唱艺人，他的歌曲短视频受到很多人的欢迎，其中有一个酒店老板评论说希望艺人到他的酒店做驻唱，如果没有及时回复，就会失去一次很好的机会。

弹幕引导评论

有些运营者会在短视频上制作一些弹幕，用这些弹幕和忠粉一起引导粉丝评论。有一个短视频里是一位培训机构的年轻老师在讲台上唱歌，视频创作者制作了几个弹幕，其中一个是："厉害不？她是教PS的。"评论区非常火爆，不少忠粉针用弹幕说："我的老师是教历史的，他能和埃及法老对话。"有的说："我的体育老师更厉害，他敢占数学课。"用户们看到这么热闹的对话，就会情不自禁地点关注。

视频中向用户提问

运营者可以在短视频中向用户提问题，让用户积极评论留言。比如，某访谈类短视频主要调查年轻女性，在短视频结束时都会提一个问题作为下期的主题，用户提的问题被采纳后，用户会感到非常兴奋，从而更加积极地评论。

4.造势引流：利用从众效应走红

心理学上有一个有趣的现象：羊群里的领头羊往哪走，羊群就会跟着往哪走，领头羊停下来，羊群也会跟着停下来，这就是领头羊效应。人类社会中广泛存在这种效应，比如有人说在哪里挖到金子了，人们就会一窝蜂地跟着去淘金；如果陪审团中有人说犯人罪不可恕，那么其他成员也会附和他的意见。利用人们的这种心理，短视频运营者就可以造势引流了。

造势就是让别人感觉自己是领头羊，可以制造一些轰动，可以提高自己的身份，也可以让大家产生好奇心。就如同明星的一些绯闻事件让大众广泛关注，就是造势。

轰动效应

轰动效应指的是一个范围里的某个人做出了一件别人做不出来的事，引起了大家的热烈议论，比如"旧巢共是衔泥燕，飞上枝头变凤凰"说的就是轰动效应。轰动效应具有"一传十，十传百"的裂变式传播速度，人们出于惊讶、赞赏等情绪就会关注、议论这件事。

短视频运营者造势引起轰动的不在少数。比如某个女生穿搭短视频的女主播在某地传出一条新闻，有人说看到她和某位企业老总在高级餐厅共进晚餐，这个新闻就会引起轰动，人们会怀疑他们有什么猫腻，或者有人说他们在炒绯闻。消息经过迅速传播后，人们就想看看她到底有什么举动，不了解情况的也要关注她的视频，哪怕真相是这次吃饭只是故意炒作，或者是运营者和企业想进行合作，人们出于从众心理，也不会轻易相信。那么在这几天，运营者的短视频播放量很可能会提高几百万。

轰动效应是屡试不爽的造势引流招数，但是火爆周期很短，一旦有另一件更轰动的事件发生，或者人们认识到这件事是故意炒作，就不会再关注了。因此，运营者利用轰动效应引流后，需要用优质的短视频留住用户，如果短视频本身没有突出的地方，造势引流也是白白浪费精力。

提高自己的身份

有些运营者知道身份对用户的影响力，这从明星与普通网红直播的播放量可以看出来，明星的关注人数远远比普通网红的粉丝要多。虽然说"人人平等"，但是心理学上会有一种现象，就是人们潜意识里认为公众人物比自己要地位高一等，虽然有人不承认，但是谈到某些事时，就会暴露出人们的这种心理特点。比如提到马云，有人认为人都是平等的，他的价值和别人的价值都是相等的；但是说到和马云见面，这个人就会说人家是谁啊，哪是你想见就见的。这就是关于身份的微妙心理。

利用这种心理，运营者可以大做文章。比如运营者在短视频中@某位明星、大咖，这其实是在提高自己的身份，人们会很惊讶，惊讶之余就会有认识这个运营者的冲动，因为他既然@明星，就一定有他的实力，人们想看看他到底有什么厉害之处。

例如，某个美食短视频在视频中@某位明星，并说快来尝尝我的日本料理吧，和你们做的料理是不是不一样，我的锅没有用错吧？结果明星回复说"很厉害"。这给用户一种感觉，会认为运营者和明星经常会有互动，就点了关注。

提高自己身份的方法还有请明星合影、晒自己头衔等，只要让用户认为你有超出常人的一面，就有可能吸引来流量。

蹭热点

蹭热点也可以造势，热点问题往往会让用户持续关注，运营者借助热点这阵"东风"，就可以烧出一片热浪。

例如，在举行世界杯的时候，有个短视频里出现了世界杯足球场，用户观看时发现这实际上是一间咖啡厅，设计师在世界杯期间加班赶制出了这一别出心裁的方案，在短视频播出后，这家咖啡厅几乎天天都挤满了用户，人们都想到这里体验一下世界杯的感觉。

图7-4-1

蹭热点是运营者都会用的竞争手段，蹭得巧妙可以上热搜，甚至成为别人学习的范本。杜蕾斯就是蹭热点的高手，他们的文案已经成为各个企业学习的对象。如图7-4-1所示，这是杜蕾斯在感恩节的文案。

5.福利引流：优惠活动推送，提高用户转化率

无论在什么平台上面，流量都代表着机会，流量越多，视频变现的概率就越大，因此，要想吸引流量，就必须有一定的手段，福利引流就是很好用的吸粉大招。

抽奖福利

在短视频之前的各个媒体上，福利引流已经被玩出了很多花样。其中很有代表性的是微信公众号的福利引流方式。

微信虽然是社交平台，但它有很强的封闭性，比如朋友圈的权限，只有好友才能互看朋友圈，有些人还会设置允许朋友浏览朋友圈的时间。微商的主要模式是熟人经济，公众号想要推广引流，只靠搜索和关键词上榜是无法获取大量用户的，所以公众号经常会使用福利引流，通过熟人来推广。公众号的福利对有某种需求的人来说非常诱人，比如某个杂志公众号让用户在评论区留言，点赞前三位的用户可以获得一本杂志特刊，很多用户都想得到这本杂志，就会留言后转发给亲友，让亲友帮助点赞，有的亲友看到公众号的信息后也想得到这本杂志，就会再次发动亲友点赞，一次活动下来，公众号就会获得好几倍的流量。

短视频平台不同于微信平台，开放性使它不用靠熟人来引流，而且依靠平台的推荐机制，短视频可以拥有很多用户，所以很少见到短视频运营者鼓励用户点赞、转发来推广引流的。但是短视频也有福利引流模

式,只是不像微信那样吸引"头回客",而是吸引"回头客"。

有些短视频平台会有抽奖活动,很多忠粉会如约前来抽奖,而且忠粉为了得奖,会叫来亲友团一起抽奖。比如某个钓鱼短视频有个抽奖活动,奖品是鱼竿等钓鱼设备,爱好钓鱼的用户会发动家人一起抽奖,而抽奖区中附带有其他商品,用户在激情满满的状态下就会购买一些商品。

短视频不定时的抽奖活动会一直吸引用户参与,只要每个人都有机会得奖,他们就会一直关注动态,这样,短视频运营者就可以把普通用户变成"骨灰级"忠粉。

红包、购物券

淘宝的直播、短视频中会有一些福利,比如现金红包、购物券等(见图7-5-1)。有些用户不喜欢看淘宝里的短视频,淘宝为了吸引用户观看,会把一些奖品放到短视频中,用户为了得到奖品,就必须点击观看,而淘宝平台会规定用户要观看一定时间后才能领取,这些措施都提高了视频的点击率和播完率。

图7-5-1

但是这种方式也导致了流量不够精准,很多时候,用户领到红包后就会离开，所以这种不合格的流量会很多。短视频运营者想要提高精准度，可以采取一些措施，比如发放的红包等只能在自己的店铺里用，那些只想拿红包的用户看到没有他们想要的商品就会离开，而真心想买商品的用户就会留下来。

非一次性福利

有些运营者为了持续吸引流量，还想到了一些其他的方法，最具有代表性的就是利用非一次性福利让用户持续关注短视频。比如某个运营者是做诗词视频的，自己的商品有书籍、电子音频等，运营者为了引流，将自己商品中的某个音频当作福利，因为诗词欣赏音频有很多集，运营者不一次发放，每次只送出一集，用户想要得到一套音频就必须持续关注短视频。运营者为了避免用户分享音频，给自己带来隐性的损失，会给音频设置不能分享的权限。

除了以上常见的福利之外，人们还会想出很多其他类型的福利，比如直播平台中的虚拟礼物，用户可以用这些礼物送给主播。有些平台还有粉丝排名机制，平台根据用户活跃度来给用户排名，这其实也是一种福利，是根据用户的表现欲心理、成就感等给的一种心理上的福利。无论哪种福利，其目的都是推广引流。运营者都要记住，利用福利引流只是给用户尝尝甜头，不能让用户感觉你就应该给福利，如果用户一旦形成了这种观念，没有福利的时候，用户必然会有怨言，进而可能离你而去。

6.内容引流：要涨粉仅仅靠内容优质是不够的

短视频引流最重要的还是要靠视频本身，因为如果内容不吸引用户，其他方面做得再多也无济于事。

短视频的内容至少要做到贴近大众、实用性强、有情怀、丰富饱满等，才能吸引用户。具体来说，视频内容可以搞笑、幽默，或者对人们遇到的普遍问题进行吐槽，因为用户观看短视频主要是寻求娱乐，所以这些内容可以引起人们的广泛兴趣和共鸣；而实用性强、贴近生活的视频可以让用户学到技能，用户感觉有价值，就会为视频付出时间；有情怀的短视频可以发现人们身边的美，可以激发用户内心的认同；内容丰富、紧凑的视频不会让用户感到厌烦。这些都是优质短视频必备的条件，但是视频具有优质的内容还不够，还要具备其他一些要素。

画风、背景音乐

画风包括画面色彩、色调、构图等，画风会给用户一定的视觉刺激，不同的色彩、光线会营造不一样的视觉感受，或者神秘、阴冷，或者温暖、激昂，而视觉感受会让用户产生微妙的心理反应，视频内容配上合适的画风就会让用户更加喜欢，如果画风没有经过处理，视频内容的效果就会差了很多。以"一禅小和尚"为例（见图7-6-1），他们的短视频都是团队原创，每个短视频的画面会根据内容有所不同，伤感的内容就会配上寒冷的夜色，喜庆的内容则会配上温暖的春天，以视觉调动用户的内心情绪。

图7-6-1

背景音乐是给用户造成的第二印象，高亢的节奏、低沉的音调、舒缓的和声都会给用户不同的感受。背景音乐也要和画风一样，要适合视频内容。但是需要注意的是，每个人对音乐的喜好是不一样的，有人对古典乐感兴趣，有人对躁动感的音乐很心烦，所以运营者需要根据用户特点选择音乐。

封面

在内容还没有吸引到众多粉丝时,短视频的封面、标题是吸引用户点开的关键。我们看看同一类型的短视频数据,就可以发现哪种封面更加吸引人。如图7-6-2所示,这些都是情感、情商类型的短视频,这些封面的左下角是点赞量,左上角的视频点赞量最高。当然,点赞量也和内容有关,但是播放量相差悬殊就是因为封面的原因,左上角的封面是标准的美女,对用户有很强的吸引力;其他三张封面都是文字或者文字配图片的形式,短视频时代,用户已经不想仔细阅读文字了,所以播放量不会很高。

图7-6-2

经过研究几个平台上的短视频,可以发现有三种封面的播放量很高,运营者可以用这三种封面引流。

第一种是人物出镜型封面。人物出镜型封面指以人物为主体的封面,但是人物出镜型封面也有冷热门之分,最热门的应该是颜值、身材、表情,在"以貌取人"的短视频领域中,颜值高就拥有了亲切感,富有情绪的表情也富有感染力。还以图7-6-2为例,可以看出,人物占的比例越大,视觉冲击力越强,特别是人物的脸部占满封面的视觉冲击力最强,而用户会选择视觉冲击力强的视频,这就是"图片跳跃率"的影响。

第二种是能引起好奇心、酷炫的封面。用户被封面吸引很大程度上是对视频内容产生了兴趣,很多人在看到稀奇的封面后就想一探究竟,在看到华丽的封面后就会有收藏的欲望,自然会点击观看,这类视频的播放量也不会很低。

第三种是具有相同风格的封面。这是指在某些平台上面,运营商经常将同系列的视频的封面做得风格相似、色调相近，这样会给人一种和谐、整齐的美感，而且还会给用户留下深刻的印象。

标题

标题在有些平台中的作用不如封面那样明显，但是有些平台会将标题放大，有些运营者会在封面上加上标题，用户看到显眼的标题自然会停留几秒，这短暂的几秒足够让优秀的视频出众，有缺陷的视频出局。各个平台对标题字数都有限制，一般最多只显示20个字左右，多余的字自动隐藏，而且用户主要看封面图片，对很长的句子没有耐心，所以标题一定要控制字数，要吸睛。标题可以用数字，比如"99%的人都有这种……"；可以走情怀路线，追踪时事热点，比如"巴黎圣母院再无卡西莫多"；可以留悬念，比如"昨天被骗了，这骗子竟然是……"；可以讲故事，比如"前任来找我，我请他吃名菜"；可以指出与用户切身利益相关的问题，比如"网购化妆品，记住这点避开90%的坑"。

如果拟不好标题，我们一般会找热词来做标题，将和视频有关的几个关键词输入平台或浏览器中搜索，查看哪个关键词搜索出来的量比较多，搜索量多的说明热度大，我们就可以用这个词组织标题。比如视频内容是别针的几种特殊用法，但是直接以"别针的特殊用法"做标题不能勾起用户兴趣，我们可以搜索"技能""用法"等词，确定用哪个词。如果搜索量差不多，还可以从搜索结果中分析其他视频的标题，可以发现有很多标题是"神技能"，而"特殊"也可以换成"99%的用户不知道"，根据这种思路就可以拟定标题为"神技能，99%的用户不知道别针可以这样用"。这个标题就比较吸睛，因为用户看到后就会很好奇是什么技能，然后就会点开观看。

形式创新

短视频内容形式新颖也会让用户流连忘返，所以很多运营者在内容的形式上做出了不少探索。比如"办公室小野"就摸索出一种新颖的形式，这个系列的视频内容是在办公室里研究美食，而这里的美食还会让用户脑洞大开。如图7-6-3所示，这一期的主题是吃一个汤圆会不会饱，小野专门做了一个超级大的汤圆，并在饮水机上煮汤圆。这样的"奇葩"行为会引来用户疯狂转发，从而吸引大量流量。

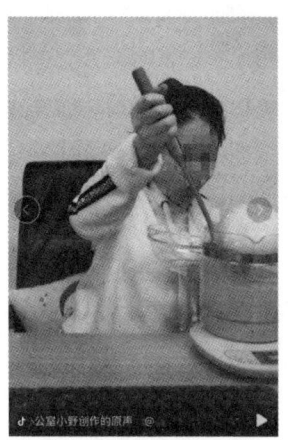

图7-6-3

这种新颖的形式还让网友感觉很解压，因为视频中的地点虽然是办公室，但是其中没有出现领导对员工的压迫，没有工作带给用户精神上的压力，尽管办公室很简陋，背景也没有亮点，然而内容形式上的"独占神话"还是让用户大开眼界。

综上所述，优质的内容是短视频引流必备要素，但是仅仅有优质的内容是不够的。内容、形式等各个方面都会对短视频的推广带来深远影响，所以这些方面都需要运营者不断探索、学习。

7.广告引流：在各大自媒体平台穿插广告

有些短视频在拥有了一定数量的用户后，可能限于平台的推荐机制、知名度不够等因素，短视频播放量会停止在一定的值上，这时运营者可以考虑广告引流。

微信广告

QQ、微博、微信等社交平台用户量大，很多运营者借助社交平台的广告打响了知名度。比如"陈翔六点半"就是在QQ上面做了广告才让大众知晓的，而现在QQ的热度降温了，运营者还是能够在微信上面做广告的。

微信平台的朋友圈、公众号是用户经常浏览的区域，运营者完全可以在这些区域打广告，因为人流量大的地方必然有广告，朋友圈应该是目前全国用户每天都在刷的地方，在这里做广告必然带来很多流量（见图7-7-1）。有些用户在看到比较有特色的广告时，会有点开浏览的冲动。

图7-7-1

微信公众号是自媒体时代一大创新，上线几年火得一塌糊涂，有些广告商就开始利用公众号打起了广告。因为用户已经厌烦了传统的广告模式，不想被动接受，所以广告商大放奇招，让用户主动点击浏览广告文章，这些广告的浏览量很多都上了10万。读过几篇之后，我们会发现，有些文案真的让人拍案叫绝。

这些广告文案通常有非常吸睛的标题，比如"变态发明，德国产品让你挺胸抬头""陈太太，你嫩嫩的肌肤让我想入非非了""抹上这款产品，我白得让他犯了规"等，这些标题会让人产生好奇心，人们会想了解这是什么产品，然后就会点击浏览。还有一种广告在标题上看不出是广告，人们以为是很正经的一篇文章，用户点开文章后，在前半部分也只看到作者在很正经地描写论述，而到了文章后半部分却忽然打上了广告，这让用户极其惊讶，惊讶之余就会佩服作者的功力。比如有篇文章的标题是"孙悟空取经回来，做起了生意"，文章前半部分是孙悟空回到花果山做生意的故事，内容写得让人啼笑皆非，后来提到孙悟空听说金角大王、银角大王炼丹赚了钱，想到自己也在老君炼丹炉里玩过，何不尝试尝试，结果炼了几年，一无所成，一怒之下说："老孙不炼了，我撒点'狗粮'总可以了吧？"接下来画风忽转，一大波"狗粮"广告让用户开怀大笑。这些广告由于不落窠臼，让用户不仅不感觉生硬，还对作者颇为欣赏，观看之余，用户也不忘了分享、转发。

除此之外，微信针对短视频很难在平台上推广的短板特意做了改进。比如受到推荐机制所限，"陈翔六点半""粤知一二"这些知名度较高的短视频都无法获得更大的曝光量，所以微信更新了广告形式，鼓励运营者在微信上发布原创视频，并鼓励图文创作者转型做视频，这为创作者带来了便利，但是怎样做才能获得更大的曝光还需要运营者不断探索。

短视频广告

和微信类似，短视频也可以利用微信公众号的套路做广告。有些运营者主要想推广自己的大号，就会利用小号来引流。比如有家培训机构的大号发布的是介绍自己机构的短视频，为了强势引流，该机构还建立小号来推广大号，小号的短视频是搞笑类，并在每个视频最后都引出大号，让用户关注大号获取信息。

资讯平台广告

资讯平台有"一点资讯号""今日头条"等，这些每天都会有新内容，而且平台的用户很多，文章的阅读量很大，如果你的广告文案或者短视频足够优质，肯定会有一定的关注度，如果内容还很讨喜，那么引流的效果会非常可观。

不过资讯平台信息很多，用户搜索、关注的信息也完全不一样，如何提高搜索量、收割精准用户是在资讯平台上做广告的重点。很多运营者会修改关键词，尽量往搜索量大的关键词上靠。有些运营者会根据平台的特征设置关键词，比如有些平台偏重于娱乐新闻，广告中就可以加入明星名字、事件等词。

在自媒体时代，如何有效地推广自己的短视频虽然已经有了很多有益的探索，但是在某些方面仍显不足，毕竟广告引流做得好的还数行业巨头，低成本小公司限于竞争力，无法与大公司一较高下。不过小公司也不必太悲观，只要视频内容做得好，在自媒体时代必然有自己的一片天地。

第八章
算法：让每个人都有机会爆红的推荐逻辑

1.自推荐算法：抓住短视频平台的巨大流量池

近两年，短视频平台上出现了很多爆款视频，这是源于它们本身的内容很优质，除此之外，短视频平台的推荐机制也功不可没。然而各个平台上不同程度地存在一些内容很不错，却没有粉丝观看的视频，这是因为创作者忽略了自推荐机制。自推荐机制就是以关键词增加权重。

怎样设置关键词

从一定程度上说，自推荐机制就是设置关键词，将自己的视频推荐给用户，让用户通过搜索、点击的方式看到视频。因此，设置关键词要思考两个关键点：一是用户会搜索这个关键词，并要让用户能搜索到；二是要让用户看到视频后有点击的冲动。

（1）关键词在标题上越靠前，视频在搜索结果中就会在前面出现。在同类视频很多的情况下，平台会赋予关键词靠前的标题较大的权重，因此，创作者在设置标题时，要把最想让用户搜索的词放在标题开头，这样用户在搜索出来的结果中会优先看到你的视频，就可以有效地提高点击率。

（2）关键词要准确。对于类别很多的产品、宠物等，关键词越精确，用户越容易找到视频。比如将关键词设置为"美妆"，就不如设置为"口红"好，因为用户搜索美妆会出来各种美容用品的视频，还会出现无关的颜值类视频，而"口红"让用户一眼就能识别出自己想找的视频。但是，还有一种情况是用户不知道具体搜什么，只有大致的方向，针对这种情况，创作者需要将大致的方向和具体的关键词都列出来，比如有的用户想看海底世界，具体看什么不明确，创作者拍摄的是乌贼，就可以将标题设置为"海底总动员，乌贼的求生术"。

（3）关键词要加上符号与其他内容区别开。抖音上在上传视频时会有个"#话题"功能，这里的话题就是关键词，系统会根据"#"后的内容来优先推荐视频。而在没有这项功能的平台上，创作者可以自行加入符号，比如"｜"等，将关键词与其他内容分隔开，这样有利于用户辨别。

（4）关键词要符合用户需求。如果不知道用户最想看什么，将关键词的方向设置偏了，肯定不会有很好的效果，所以设置关键词时一定要对用户需求有较深入的了解。比如有的用户想了解买车时的知识，而创作者虽然制作的是购车知识短视频，但是在标题中没有体现出这方面内容，拟的标题是"搞笑女婿车到半路没油了"，当然视频中有搞笑元素可以吸粉，但是用户不精准对日后的变现没有意义。

（5）关键词要蹭热点。短视频平台为了适应热点事件，都有自己的热点算法，会根据当下发生的热点事件更新热点算法中的关键词。创作者设置的关键词紧扣热点，就会被平台判断为值得推荐，权重就会比其他视频高，从而出现在搜索结果的前面。

设置关键词时的误区

有些创作者认识到了关键词的作用，但是在设置关键词时会有很多误区，有人认为关键词越多越好，有人注重设置关键词，却不重视标题，这些情况都会影响短视频的点击率。

（1）关键词要符合平台字数规定。有些创作者想用关键词满足用户的不同需求，所以在标题上设置了很多关键词，但是有的平台会设置输入上限，超出的字符就不能再输入了，而另一些平台不显示超出的字符，所以很多创作者在设置关键词时很纠结，不知道该保留哪个。分析各个平台上的短视频的关键词可以发现，关键词一般为两三个，所以创作者一定要选择最能提升短视频权重和符合用户需求的词。

（2）不要直接套用网页热搜词。有些创作者知道蹭热点的优势，在热点事件发生后，会直接套用网页上搜到的词，这种方式很难收到效果，因为网页热点和短视频热点有很大不同。比如《哪吒之魔童降世》这部电影上映之后非常火爆，网页上的热点是"哪吒票房超过40亿"，但是短视频平台上搜索"哪吒"会出现很多用"哪吒"道具拍摄的同款视频，如果用网页关键词，点击率势必会很低。

（3）不要只重视关键词，不重视标题。有的创作者知道关键词具有权重，标题在平台的算法中居于次要地位，所以标题拟得很粗糙，这种误区是重视了平台算法，忽略了用户体验。比如有一个标题是"练习一个唯美图"，后面加了几个关键词，如"少女速写"等，用户搜索关键词可以搜到这个视频，但是用户看到这个标题会感觉没什么吸引力，并没有点击观看的冲动。如果将标题改成"这样的小姐姐你想不想娶"，就对用户有了吸引力。

当然，在运营的过程中，找准关键词是一个很复杂艰难的过程，有的时候真的不好把握用户的需求是什么，只有经过不断实践才能得到较为准确的结果。对于较大众化的视频，创作者可以用对比法获得较好的关键词，比如在平台上大量搜索相关词，观察搜索结果，热搜词就可以用作自己的关键词。

2.高压线机制：牢记抖音三大检测营销号机制

有很多创作者在发布短视频之后发现，无论什么视频，平台都不会给推荐，或者自己的视频是优质视频，本来是受到大力推荐的，但后来平台又不给推荐了,这说明创作者触碰到平台的"高压线"了,或者账号被平台判断为营销号而被限流了,或者视频中有违规内容。

避免被平台认作营销号

营销号指的是牟取不法利益或者为了达到不可告人的目的,在短视频中捏造不实信息,或者利用不法手段吸引用户注意或攻击他人,因为这种行为极其恶劣,会扰乱平台的正常运行,所以平台会建立高压线机制抵制这种操作。而创作者的账号一旦被平台认作营销号就会被限流,被限流之后就得不到平台的推荐,视频的播放量、粉丝量都会受到很大影响。那么,创作者有哪些行为会被平台判定为营销号呢?

(1)账号昵称、个性签名、头像、视频中不能有疑似营销的内容。比如昵称是"涨粉代理",这很明显会让平台认为创作者是以帮助别人吸粉来盈利的。

(2)总是切换账号。有的创作者要打造账号矩阵,但是在同一部手机上操作,经常切换账号,而平台并不能智能地判断出这是不是合法的,因为有些为别人刷量的人也会在同一部手机上登录不同的账号。所以创作者需要保持在一部手机上只登录一个账号。

(3)非原创视频,搬运痕迹太明显。抄袭别人的作品不仅侵犯版权,还会让平台认作营销号,营销号不会创造优质视频,发布视频吸引粉丝是为了达到其不正当的目的,而搬运别人的视频省时省力又能在短时间内吸引大量粉丝。

(4)视频中有明显的科学漏洞、不正确的舆论导向。与客观认知不符的内容、有错误舆论导向的内容会引起用户的反感,对平台的正常生态构成破坏,这些视频的创作者并不是无知,而是抱有不可告人的目的,所以平台会严厉惩处这类账号。

由此可见,短视频平台会严厉惩处三类账号:盗用他人视频的,误导用户、散布谣言的,给别人刷赞、刷评论等数据的,这三类账号必然会被封号，而其他具有营销号特征的会被限流。所以创作者一定要避免以上行为，如果被认作营销号，再想获得关注是很难的。

这些都是送分题

信息时代，"高压线"的设置是为了遏止恶劣行为，但是有些创作者不重视高压线机制，总会有视频被平台删除，所以创作者不仅要重视视频质量，更要遵守平台规则，这就需要养号、拍摄美好内容、远离"丧文化"。

（1）养号。养号的目的就是不让平台误认为账号是营销号，所以上面的错误操作千万不能有。此外，由于营销号会收费为别人刷赞、刷评论，或者攒粉卖号，所以创作者要避免大量为他人的视频点赞、评论、转发，这里的"大量"指的是频繁给一个视频评论或者切换账号给某个视频点赞、评论等，这些行为都是会被平台检测出来的。另外，营销号不具有的特征是每天登录之后随意浏览、推荐同城视频，关注、评论几个毫无关联的视频，所以创作者养号时可以多看看视频，看到喜欢的就关注一下，这样平台就不会将其误判为营销号了。

（2）拍摄美好内容。抖音的口号是"记录美好生活"，美拍的口号是"我的热爱，都在美拍"，这说明平台都有鼓励创作者拍摄美好内容的倾向，这一方面可以为平台引流，另一方面也可以抵制违规视频。所以创造者不仅不能创作庸俗、危险的视频，避免给用户单纯的感官刺激，还需要有正能量，跟随国家、平台的导向来拍摄视频。比如中国建筑中的斗拱结构会带来美感享受，还能让人长知识，偏远山村也有独特的美景，而这些内容都符合国家、平台的引导趋势，很多青少年用户看了之后不会再梦想长大了当网红，而是立志弘扬中国文化，投身科学考察，献身民族事业。可以说，这些内容会对社会价值观有积极影响，肯定不会触碰到平台的"高压线"。

（3）远离"丧文化"。"丧文化"是流行于青少年群体中的一种表达悲观、百无聊赖等消极情绪的文化形式，这种文化形式以文字、图画、表情包和视频为主。虽然"丧文化"不一定会让青少年产生消极情绪，可能很多青少年只是感觉很有趣，只是把它当作平时交流的谈资，但是平台依然会限制这种不良价值观，毕竟这种文化对人的影响是深远的，可能受众在学习、工作中遇到压力就会产生类似的消极情绪。因此，创作者最好不要制作平台限制的内容。

3.层层推算法：作品表现越好，流量池就会越大

层层推算法又叫叠加推荐，是抖音等短视频平台研发出来的为视频分配用户量的评判机制。目前每种算法的根据都是用户数据和内容类型，层层推算法也不例外，但是这种推算法还引入了流量池机制，从而为视频划定了层次。

层层推荐机制

当创作者上传视频并经过系统审核后，后台会为视频分类，然后将其推荐给对这类视频感兴趣的用户。但这时的用户不会太多，也就几百到几千不等，这可以叫作一级流量池。除了和视频内容匹配的用户外，能看到一级流量池里的用户一般是附近的人和粉丝，所以如果粉丝量很少，这时的播放量就不会太高。而大咖的粉丝量很高，明显具有先天优势，所以新手和大咖不是站在同一个起点上的。

如果视频播放数据达到了标准，平台就会将视频推荐给更多的人，这时就进入了二级流量池。进入二级流量池之前，平台会评估播放量、播完率、点赞率、评论率等数据。

播放量又叫点击率，和视频封面、标题有关。播放量高，说明视频

封面吸引人，但是很难说明视频内容的质量。

播完率是播完量与播放量的比值，播完率高，说明视频内容不枯燥，没有让用户看了感觉没意思。

点赞率、评论率是用户看过视频之后点赞、评论占播放量的比值，这些数据是最重要的评估标准。比如抖音平台给出的点赞率标准是3%，达到或超过这个值，平台就会认为视频内容很吸引人，从而推荐给更多的人。

进入二级流量池的视频，平台一般会分配几万用户。如果视频再次达到上面所说的标准，平台就会将视频放入三级流量池，然后是四级流量池等。

为什么二次发布的视频会火

很多创作者发现，自己原来发布的视频点赞量不是很高，但是过了很长时间以后，第二次发布的视频会成为爆款，这和推荐机制有密切的关系。

由于第一次发布视频时，创作者还是新手，或者粉丝不多，视频的播放量不是很高。但是过了一段时间以后，创作者的粉丝增多了，创作者再发布视频，首先观看的就是他的粉丝，数据就会比第一次高，平台的推荐机制根据相关数据就会将其放入更大的流量池。

当然，这需要视频内容让粉丝喜欢，创作者二次发布的视频一般是他们自己认为足够好，但是没人看太可惜了。

除此之外，还有一个关键因素是创作者在二次发布视频之前的时间内，已经发布了很多垂直性内容，平台对视频的评估更加精准，分配的用户也更加精准，所以第二次发布的视频会被平台推荐给这些精准用户。

敲黑板，创作者需要注意的关键

既然层层推算法要受粉丝量、点赞率、评论率等影响，创作者要想获得更大的流量池，就必须注意以下几点：

（1）视频标题、类型必须明确。因为平台在将视频投入一级流量池之前会给视频贴标签，如果垂直性、类型不明确，投放的用户必然不够精准，这样肯定影响进入更高级的流量池。

（2）视频内容要优质，封面要有吸引力。这些都是一直在强调的。

（3）视频要符合平台的规定。比如清晰度要足够，不能有黑边，如果这些硬性标准都达不到，视频也很难进入更大的流量池。

（4）新手要增加互动，必要时请朋友点赞、评论、转发。因为新手的视频很难成爆款，在一级流量池里只有几百个用户会观看，所以朋友的帮助是很有用的。

流量池不会无限大

很多创作者发现，自己的账号粉丝量和视频点赞量达到一定限度后，很难再提高了，而且自己的爆款视频少则一两天，多则三四天之后就会迅速降温，这和层层推荐法的封顶机制有关。

因为平台每天的活跃用户是有限的，也就是说，总的流量池是有限的，如果平台一直为某个视频推荐用户，那么其他视频的流量池势必要减少，平台为了合理划分流量池，只能设置流量池上限。

另外，爆款视频也有自己的匹配用户，平台不会将视频推荐给不喜欢这类视频的用户，而且平台不愿意因为一个爆款视频就给创作者带去大量粉丝，如果创作者的其他视频数据都很差，粉丝很可能会取消关注，这对创作者也不利。

4.账号权重算法：前五个作品的播放量决定初始权重

在抖音平台上，用户发布的前五个视频对后面的视频播放量有很大的影响，这叫作账号权重算法。平台的账号权重算法可以判断出账号是不是值得推荐，其根据的还是视频的播放量、播完率、点赞率等数据，数据符合平台标准，平台会给账号加权，所以前五个视频需要受到创作者的高度重视。

初始权重很关键

在抖音平台上，视频发布以后会获得几百个用户，这几百个用户对视频的点赞、评论等行为会让平台对视频有较准确的评估，如果数据不错，平台就会将视频放入下一级流量池。而且平台会根据用户发布的前五个视频来判断视频的类型、垂直性等，如果平台根据这五个视频找到了精准的用户，后面的视频就容易受到更多人青睐；如果平台给这五个视频匹配用户时出现误差，后面的视频就很难被放到高级流量池里。

此外，用户发布的前五个视频会受到平台的认真审查，所以创作者在上传视频几个小时之后，平台才会发布给用户。因为有经验的创作者知道平台的规则，制作的视频违规现象较少，而新账号可能对平台规则不熟悉，容易违规，也可能是某个被封的运营号重新注册的小号，平台需要认真识别，禁止这些被封的号再次发布违规内容。

由于前五个视频会受到平台的认真推荐，虽然没粉丝，但只要内容足够好，播放量上万也是比较容易的。只要这五个视频里有能够达到几万播放量、几百点赞量的，平台就会认为这个视频值得推荐，以后该创作者发布的视频就会获得较高的权重。

提升权重的技巧

既然前五个视频对初始权重影响很大,那么除了视频内容、标题等硬性条件以外,还有哪些技巧能够帮助创作者提升数据呢?

(1)多用热门音乐、特效。抖音本身是从音乐开始做起的,虽然现在抖音开始走向综合性平台了,但是很多用户依然对魔性、洗脑的音乐非常喜爱,而平台上热门歌曲总在更新。比如2019年8月,抖音上的热门歌曲有一首是《不谓侠》,那些喜欢音乐的用户在观看视频时听到了这首歌,就会连着刷同款视频,如果创作者使用这首歌做背景音乐,就会被平台推荐给这些用户,这对提升数据非常有帮助。

同理,特效的作用也是如此。

(2)蹭热搜。抖音的热搜板块中是当天热点新闻、事件、话题等,这个板块位于搜索中的头部位置,如图8-4-1所示,"抖音热搜"会显示六个当天的热门。热搜是抖音调整商业模式的表现,当天的流量有大部分集中在这里。创作者参与热搜视频的拍摄,就有希望增加权重。比如拍摄"穿越时空与父母合影",用户点击这个内容之后就会显示所有同款视频,这就增加了自己的视频被观看的概率。

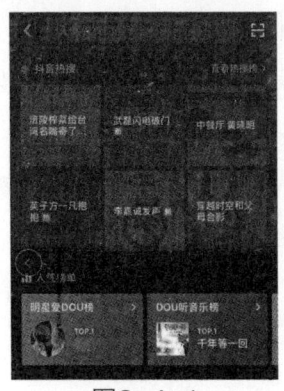

图8-4-1

(3)@抖音小助手。抖音小助手是评选精品视频的官方账号,在视频中@抖音小助手就会被平台评选人员看到，如果内容确实不错，被大力推荐的概率是很高的。事实证明，这个操作确实有效果。

（4）学会定位商圈。商圈是指具体商品领域，很多运营者给自己起的昵称就体现了自己销售的商品，比如"杭城时尚穿搭""试色大魔王"等，有了具体的定位，匹配的用户就会精准，就有可能带来商业价值，初始权重也就会有所提升。

切忌违规操作

由于国家对短视频的管控越来越严格，平台和用户都会监督视频中的不当言论、行为等，拥有众多粉丝的运营号中的违规视频会被删除，对他的账号影响不大，除非影响极其恶劣，但如果是新手的视频影响就很大了，如果前五个视频中出现违规内容，初始权重就会降低，所以新手务必要了解平台对内容的具体规定。

目前，抖音上对色情、暴力、邪教、谣言、诽谤、烟酒广告以及恶搞人民币、政府、军人的视频处罚最严厉。结婚、除此之外，竖中指、危险动作、教唆诱导未成年人的内容会受到严格审查，视频中出现微信号、QQ号、电话号等内容也会被删除，所以创作者要避免拍摄制作这些内容，也不要打擦边球。

还有一类内容虽然平台上没有具体的规定，但是被用户举报之后也会受到处罚，就是某些有争议的观点。由于短视频传播速度很快，某些人自己发表的观点会影响一大群人，比如某个女主播说："男人没钱，他什么都给不了你，女人怎么能嫁给他？男人就应该给女人买包包，买豪车……"这会引来很多人反感，而且这种言论会影响他人的择偶观、家庭和谐，虽然刚开始平台审查通过了，但是后来有人举报，这条视频就被删除了。

5.时间性算法：追赶上热门的时间

在各个不同的平台上，由于推荐机制不同，视频上热门的时间会有较大差异，比如快手只推荐一个月内发布的视频，一个月之后，即使视频很优质，也不会再出现在用户面前了；而抖音会重新推荐过去的视频，所以过去不火的视频还有机会得到推荐。下面就来重点看看抖音的时间性算法。

推荐的间隔性

很多爆款视频的创作者发现，自己的视频上推荐之后很快就会降温，往往是第一天收获了几十万个赞之后，第二天就只有几千个赞了，过了几天之后视频又会产生热度，再次收获几万个赞，然后又会降温，这种现象就是推荐的间隔性。因为抖音比较中心化，在首页推荐一个视频会让这个视频爆火起来，但是同一天发布的视频有很多，如果一直让一个视频居于首页，其他视频就没机会了，抖音为了消除这种弊端，就要经常更换推荐视频。也是由于这种原因，有的视频刚刚发布时没有得到较好的推荐，过了几天后才会被推荐给用户。

抖音的时间性算法还有一个重要的立足点，就是用户行为，平台通过收集用户操作行为，判断各个用户的习惯、爱好、周期等。比如，有的用户隔几天才会打开一次软件；有的用户喜欢看海底世界；有的用户的喜好是随时间变化的，前三天喜欢看萌宠，接下来的两天喜欢看搞笑类视频，平台就会根据这些数据推荐相关视频。因此，创作者看到前几天的某个爆款视频又收获了一波点赞，就可能是平台将视频推荐给了有特殊行为的用户。

对于这种时间算法，创作者要注意不要删除以前的视频，因为以前的视频很可能处于待推荐状态，特别是那些容易受情绪支配的创作者，有的创作者看到自己其他的视频都有很高的点赞量，偶尔出现几个点赞量少的作品，心里很不舒服，还怕粉丝看到对自己有影响，就直接删除了，那这个视频上热门的机会就直接断送了。

后期"引爆"

在抖音上还有一个有趣的现象：创作者以前发的视频经过几个月之后忽然成为爆款视频。为什么前期发的时候没得到推荐呢？这需要解释另一种算法：往期权重。

往期权重就是抖音平台根据创作者之前创作的视频质量对创作者的总体评估，因为有些创作者的视频比较冷门，或者类型比较模糊，平台在一开始时难以做出准确判断，等到创作者发布的视频多了，平台就会对视频的垂直性、质量等有了更加精准的判断，推荐的用户也就越精准了。

据此就很好解释那些几个月之后忽然爆火的视频了，平台根据往期权重为视频找到了精准的用户，这些用户看到自己需要的优质内容就会点赞，再加上流量池机制，创作者的视频就会像水纹一样一圈一圈扩散开来。

此外，创作者近期创作的某个爆款视频会吸引粉丝进入个人主页观看往期视频，这会为往期视频带来或多或少的点赞量，平台也会重新推荐点赞量暴增的视频。

创作者怎样利用好时间性算法

创作者想要上热门，就要针对时间算法做出有效举措，具体做法有分析用户行为、置顶优质视频、给视频编号等。

首先，分析用户行为并不是分析某个用户的习惯、爱好，而是分析用户群体的行为，特别是视频种类很明显的，受众也有鲜明的特征的。比如有些书法类、绘画类视频，受众多多少少会有一些这方面的情怀，但这些用户中只有需求特别旺盛的才会每期都看，其他用户的需求不是很急迫，除非书法和画作很亮眼，所以有的创作者会以当下最流行的歌曲、网络语言为素材创作视频。由于用户的审美一直在变，喜欢看的视频类型也具有周期性，创作者可以根据这种周期性发布短视频。比如在很多用户喜欢看搞笑类视频的时候，美食类视频的播放量较低，创作者可以少发布相关作品，将优质视频存起来，在用户大量观看美食视频时，创作者就要将优质视频发布出去。这些用户行为其实可以从自己的数据中看出来，比如粉丝增加量、视频播放量、点赞量等，这些数据猛增的时候，就是用户需求最旺盛的时候。

其次，置顶优质视频，很多用户在看到爆款视频后会到创作者个人主页观看往期视频，他们看得最多的就是最前面的视频，所以创作者想要让优质视频获得曝光，就要将它置顶。如果没有置顶，用户看了最上面的视频之后，就会挑着看，优质视频还是得不到推荐。有些创作者明白用户的这种行为，所以会将点赞量不高但内容不错的视频置顶，这个办法非常不错。

最后，给视频编号，让视频具有系列标志，比如"情商第48课""美食第10弹"等，因为用户都会有收集、求知的欲望，所以在看到系列中的一个爆款视频后会翻看其他视频。这就像"水浒英雄卡"的营销策略，有些消费者买方便面就是为了攒卡，如果卡片上有排名、有总数，就会激起他们的强烈兴趣，他们就想知道每个人都是谁。而那些没有排名和数量的卡片就不会让消费者产生那么大的兴趣。

6.快手上热门算法的原理分析

快手与抖音的理念大不相同,但是快手的用户黏性也非常高,每天的用户活跃量与抖音不相上下,这与它的产品思路是分不开的。快手的产品思路主要有三点:交互简单易操作、建立各种推荐算法以满足用户需求、用户全程操作都会影响算法。其中,推荐算法很关键,会影响创作者的短视频浏览量,而优质视频是保证快手拥有大量用户的基础。

人机交互算法

打开快手,可以发现首页和抖音完全不一样。抖音的首页是一个正在播放的火爆视频,而快手的首页是视频瀑布流,这些视频没有分类,也没有按照点赞量等进行排序,而是按照视频发布时间进行排序,刚刚发布的视频会出现在头部。虽然可以看到这些视频的点赞量,但是高点赞量的视频和刚刚发布的视频混在一起,用户观看哪个视频是随意的。

观看了一些视频之后,平台就会记住用户观看的视频类别,在用户刷新时,平台就会推荐相关视频,这就是人机交互算法,由此可以看出,快手是去中心化平台。

此外,快手的界面设计非常简单,除了拍摄按钮和扩展按钮外,只有"关注""发现""同城"三个标签,用户进入应用之后,都会呈现"发现"界面,而且会根据上次观看、关注记录推荐类似视频。由于每个用户每次观看的视频都不一样,所以这种算法会将不同的视频推荐给精准用户,可以保证所有视频都有自己的适用人群,内容一般的视频也会有人观看,内容极其优质的视频只会形成一定的热度,而不会成为爆款。

第八章 算法：让每个人都有机会爆红的推荐逻辑

这种算法对平台是极有利的，因为用户看到的都是自己想看的视频，产品使用体验非常好，使用时长就会增加，用户黏性也就非常高。

不同项目使算法更加精准

如果只有人机交互算法，那么推荐给用户的视频还未必精准，因为用户的需求是一直在变的，上次喜欢看的视频可能看多了就会出现审美疲劳，下一次打开软件可能想看其他类型的视频，所以平台会设置"关注"和"同城"项目。"关注"项目里是用户已经关注的创作者，"同城"项目里是用户周边创作者发布的视频，如果用户出现审美疲劳，就不会点击"关注"，或者在"同城"里观看视频，或者在"发现"中找其他类型的视频，所以快手也会推荐一些不相关的作品。

为了适应用户的这种审美变化，快手有一项功能是长按视频然后减少同类视频，如图8-6-1所示，弹出的对话框中是减少这类作品的原因，快手会根据用户选择再进行推荐。

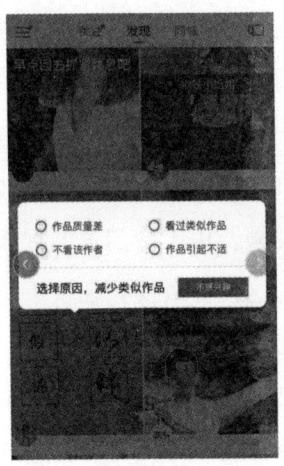

图8-6-1

热度算法

由上文可见，快手的算法会推荐给用户三种视频：第一种是用户喜欢的，第二种是刚刚发布的，第三种是热度比较大的。其中，热度比较

短视频运营实操手册

大的视频的点赞量也就几十万,一般的视频都在20万以下,这种热度是无法与抖音几百万点赞量相比的,这不仅与快手的去中心化机制有关,还与快手的热度算法有关。

快手上的视频在发布初期,平台都会给予一定的用户,播放量也就随之上升,平台会根据视频的数据来选择优质视频,而在视频达到一定热度后,平台就会限制推荐量,热度算法又将推荐量分配给新视频。

创作者怎样上热门

创作者想要上热门,除了在视频内容、封面等方面要有创意外,更需要研究平台的算法机制和用户喜好。算法机制已经讨论过了,那么怎么分析用户喜好呢?

视频都有点赞量、评论等,这些数据可以进行对比,而用户评论最为直观,评论中会出现用户对视频的看法,所以创作者需要经常关注评论,根据评论来创作、改进视频。比如有个Cosplay视频,女主播在视频中扮演"王者荣耀"中的妲己,有很多用户想看她扮演王昭君,顺应用户的想法就有可能上热门。

鉴于快手是根据用户喜好来推荐视频的,创作者可以创作大众化的内容,比如颜值类、美食类、搞笑类视频,比较冷门的视频不建议在快手上发布,比如情怀类视频,由于冷门类型视频较少,并且创作者没有非常强的能力吸引用户,这会导致视频在快手的瀑布流上很不起眼,用户点击量较少,后续的推荐就很低了。

由于快手不会给粉丝推荐视频,所以创作者让粉丝点赞是无法上热门的,创作者只能把握好发布时间,在合适的时间发布视频。研究发现,快手的用户在中午和晚上打开软件的次数会很多,这说明这些时段的活跃用户很多,创作者在这些时段发布视频,首先观看的用户就会有很多,这也有助于上热门。

7.各大平台更容易被推荐的加分方法

由于各个平台的推荐机制有所不同，短视频创作者在制作视频时必须考虑这些机制，并根据这些机制来确定在哪些要素上重点突破。比如在今日头条上贴近热点时事的视频更容易获得推荐，在美拍上打上频道标签更容易获得推荐，只有明白了各个平台的推荐机制，才能有的放矢。下面就来看看这些平台的具体机制是什么。

今日头条

创作者在今日头条上最开始发布的视频要经过冷启动，冷启动就是平台只将视频分发给少量用户，根据这些用户对视频的反馈再决定是否大力推荐，而平台分发给这些用户根据的是标题、简介、标签等，如果这些信息不够准确，那么平台就难以为视频找准用户，所以这些信息是新手首先要认真对待的。

标题的标准已经论述过多次了，这里要强调的是，标题中不要有错别字，也不要做"标题党"。双标题是加分项，因为单标题有时无法让平台准确判断视频类型，双标题更能清楚地表达内容。今日头条平台上经常会停止推荐某个视频，这些视频往往是单标题的。

封面也有规范，模糊、接近纯色的封面是会被平台退回修改的，在视频封面上打广告、封面与视频内容不符更是不被允许的。封面上有文字等额外的信息是加分项，只要这些信息与标题等不重复，并能够成为亮点，就更容易被推荐。另外，封面上不可以有引起歧义的元素，比如女明星手拿百合的画面就会被平台严厉打压。

如果内容简介、标签能够让平台准确识别视频类型，也是可以加分的，这样在冷启动中观看的用户也就越准确。

另外，需要说明的一点是，在冷启动阶段，用户数量是一定的，如果同类视频越多，比如模仿视频大量出现，那么视频获得推荐的权重就越低，所以视频内容具有独特性是很关键的。

今日头条上的冷启动阶段很重要，创作者务必要了解加分项与减分项。经过冷启动阶段，平台就会根据点赞量、评论量等数据进行推荐了。

美拍

创作者在美拍上刚开始投放视频时也会遇到冷启动的问题，与其他平台稍有不同，美拍上对标签明显的、原创性强的、具有个性的视频给予比较大的权重。这里需要说明的是美拍上的标签怎么打才能加分。

标签最重要的作用是让平台快速分辨出视频类型，比如美妆、女神、搞笑等，但这是大类型，创作者需要定位到具体的小类型，比如定位到"萌宠"下的"二哈""拉布拉多"等，标签越具体，视频越会受平台推荐。此外，类似于抖音的"抖音小助手"，上传美拍的视频打上"我要上热门"标签会让官方运营团队看到，他们就可以根据视频内容来进行推荐了。

创作者在创作视频前可以先浏览"发现"中的热点事件、话题，根据这些内容来确定视频内容，并将热门标签作为自己视频的标签。比如口红类非常火，就可以将"潮流试色"作为标签。

创作者在打标签时需要注意，标签数量也有上限，一般打上三四个标签就足够，标签多了反而减分；此外，标签要放在标题后面，放在前面也会被减分。

火山小视频

由于火山小视频上有现金补贴，平台会给每个视频一定的"火力值",10个"火力值"相当于一元人民币,所以有很多原创者在这个平台上发布视频。火山小视频推荐视频的标准是画面清晰度、互动数据、原创性等,特别需要注意的一点是,创作者只能用火山小视频App拍摄,其他来源的视频是不能得到推荐的。

由于互动数据是火山小视频的加分项,而且平台会根据互动数据给予创作者"火力值",所以创作者要加强互动,增大评论引流不仅会获得平台推荐,还能赚钱。当然创作者不能简简单单地回复,这相当于"尬聊",粉丝无法接话,对评论量就没什么帮助。比如粉丝评论"求翻牌",创作者只回复"翻你",这样的回复势必激不起浪花,创作者如果回复"爱粉今天要给朕唱一曲吗",粉丝看到后必然会兴起一波评论热潮,评论量升高,平台又会给予一定的推荐。

其他短视频平台像西瓜视频、秒拍等,推荐机制都大同小异,加分项与这里所说的类似,创作者只要注意到这些关键点,在各个平台上都会得到较好的推荐。

第九章
风险：短视频运营的7个误区

短视频运营实操手册

1.不重视用户的反馈意见

在短视频运营过程中，众多创作者都会存在一些误区，无论是粉丝量几百万的运营号，还是尾部运营号，都会因为自己的性格、情绪、习惯等忽略一些很重要的操作，其中，很关键的一点就是不重视用户的反馈意见。

创作者有时无法认清短视频的优缺点

由于很多短视频创作者不是专业人员，不是毕业于专门的影视学院，所以在视频创作上会存在缺陷，由于创作者对自己拍摄的作品比较满意，看不出来哪里有缺陷，或者感觉存在问题，但不知道问题是什么，所以用户的反馈意见显得尤为重要。

举个例子，某个短视频创作者在发布视频之后，自己观看视频时，总感觉视频中有点不和谐因素，但是又感觉画面很不错，再三观看也没看出问题。后来，评论的人多了，他看评论时发现，有个粉丝风趣地说了一句话："主播的包包好亮啊，什么牌子的？呃……我是不是没抓住重点？"创作者这才明白是主播的包太抢镜了，这个短视频中本应该凸显主播的身材。

有时即使是专业拍摄、制作人员，短视频中也会出现缺陷，就像是电视剧中经常会出现穿帮镜头一样，问题不严重还可以一笑了之，但是如果问题比较大，就会影响视频的播放量、点赞量等数据，严重的还会被平台删除。比如，有个视频镜头转换太快，很多用户看不清，如果创作者不重视，视频点赞量势必无法提高。还有一个视频中的观点有问题，有些用户提出这些观点不正确，创作者看到后立即删掉了那个视频。

正确面对批评

有些用户看到不喜欢的视频就会吐槽，有可能观点很偏激，而创作者如果没有好心态，看到这些评论就会很气恼，所以这是创作者不重视用户评论的主要原因。

有很多创作者面对用户批评时，会有这样的想法："你没看到我的视频点赞量这么高吗？你只看到我那一点小毛病，就没看到我视频中的这么多优点？你这评论是什么意思，故意抹黑我的视频吧？"由此就会将用户定性为"黑粉"。当然，具有人身攻击性质的"黑粉"不在讨论范围内，这里说的是有些偏颇的批评。

因为用户是站在自己的角度上看问题，所以批评不一定正确，又因为用户缺少专业性，提出的批评可能没说到点子上。他们对视频提出批评往往是出于自己的情绪，或者是希望视频能够往好的方面发展，或者是为了表现自己，所以他们的批评不一定是正确的。但是创作者想要提高视频的质量，想要打造爆款视频，这些意见是必须接受的。

有些用户的情商不高，或者视频中的一些内容引起了他的情绪变化，评论的语言会让人感觉有"刺"。比如有个关于极限运动的视频，主播在汽车行驶过来时做后空翻，汽车行驶过去，主播安然无恙地落在地上，很多人都感觉很赞，但是有一个用户看了之后表示很愤慨，说："这视频怎么能播出呢？小孩子看到了跟着学怎么办，出了事谁负责？"语气很刻薄地指出视频中存在不负责任的现象，创作者看到后才意识到视频中没有注意安全的提示，为了用户的安全，创作者在视频中添加了注意安全的警示语之后又重新发布在了平台上。

积极引导用户评论

为了获取用户的意见，很多创作者会在视频标题上引导用户评论。

短视频运营实操手册

比如有个英语教学视频在标题上写着："Sit down，这样说不礼貌哦，你觉得这个视频有用吗？"很多用户看了视频之后才发现，这句英文是用来训练狗狗的，对人说非常不礼貌，而自己受了那么多年的教育竟然一直蒙在鼓里，所以很多人认为有用。而很少的人认为和老外交流会有用，如果是在学校学习的话，这句话毕竟已经被学生接受了，如果改的话可能会动摇他们学习的信心，并认为创作者多创作一些英语学习的视频会更有用。虽然他们的观点有点片面，但他们的评论也反映出了自己的需求，创作者针对他们的需求创作了一些学习视频，获得了更多的赞。

由此可见，重视用户的反馈意见不仅可以认识到自己视频中的缺点，还可以更多看到用户的需求。短视频只有迎合用户需求才能成为爆款，所以用户的反馈是创作者的重要参考，创作者需要尽力避免不重视反馈的误区。

2.很少策划营销活动

短视频的营销活动就是通过视频内容找到目标用户，通过活动提高品牌的知名度，并达到变现的目的。由此可见，营销活动常见于电商的短视频中，近年来，各大电商平台上涌现出了很多短视频营销案例，但是很多创作者还是忽略了这种变现机会。

很多人会误以为具有IP性质的短视频就是在做营销活动，比如"僵小鱼"，视频中萌萌的小僵尸形象非常招人喜欢，商品橱窗中也摆满了"僵小鱼"形象的商品。但是这种视频不是在做营销，更谈不上营销活动，因为视频并不带有变现的目的，并没有在内容中将用户导流向商品。

京东达人盛典，短视频拉动关注

2018年"双十一"活动中，京东举办了一次营销活动，这次活动以"达人盛典"为主题，通过创意视频吸引了众多消费者关注京东商城，这些创意短视频还发布在了美拍、秒拍等平台上，很多年轻用户看了之后到京东商城消费，最终实现了变现的目的。

在这些创意视频中，达人"红鹤笔记"的时尚短视频吸引了大量女性消费者。她在视频中扮演一位都市女孩，记录了女孩一天的生活，早晨的刷牙、化妆、穿着等行为展示了各种女性时尚穿搭美妆，上班的过程中又展示了都市女性的职业装扮，约会时又换了另一种妆容，这些不同的装扮，让女性消费者看到了在京东商城可以买到自己需要的各种商品。

"红鹤笔记"的这条视频定位很准确，就是都市年轻女性，而通过视频，这些商品的知名度也提高了很多，更重要的是，变现的目的很轻松地达到了。由此可见，营销活动会给商家带来很大的回报，如果商家忽视这种变现机会，真是莫大的损失。

短视频营销活动的要点

既然营销活动是变现的重要途径，那么在营销活动中需要注意什么呢？具体来说，短视频营销活动还是要以内容为主，可以是一个故事，也可以是一个挑战赛，形式可以变化，但是怎么表现产品、怎么引流变现是关键。

一是要打造容易模仿的内容。

短视频为什么会火？很重要的一个原因是它容易模仿，而且平台也鼓励模仿，这从平台上的拍同款功能可以看出来。打造热点事件，制作容易模仿的内容可以吸引大量粉丝，而这些粉丝模仿视频之后会大大提高原创的知名度，从而轻松实现变现。

很著名的一个例子是海底捞的模仿视频，在海底捞的短视频出来之后，很多网红亲自来到海底捞拍摄视频，如图9-2-1所示。这些视频传到平台上，人们为了模仿这些视频，就会到海底捞消费，海底捞特意为这些用户制作了DIY套餐，销售额提高了好几倍。

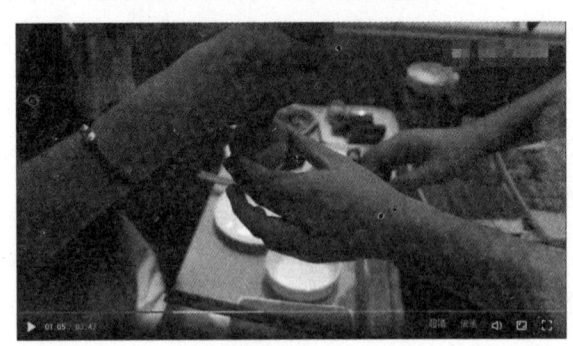

图9-2-1

二是要选择一个很火的场景。

很多旅游类短视频会选择具有代表性的场景，比如西安一些景点的短视频就火得一塌糊涂，很多游客会到西安参观，而西安的一些景点还推出了各种挑战赛视频，直接带来了可观的旅游收入。

当然，场景也不必选择著名景点、餐厅等，有时一个工作、生活场景也会吸引消费者。比如很多英语类视频中会出现面试、谈判场景，主人公因为口语很糟糕而面临很多尴尬局面。这些视频一般会将用户导流到与运营者有关的应用、App中，然后再进行深度宣传。

三是要在前3秒内吸引用户注意。

网络小说有"黄金三章"的规则，就是说，一部小说在前三章必须有高潮或爆点，不然读者不会有兴趣往下看。短视频营销活动也是这样，必须在前3秒内抓住用户的注意力。营销活动本身是为了变现，很多用户看到这种视频就有逃离的冲动，如果在前3秒内没有打动用户，那么这次活动很可能会失败。

正因为这个原因，很多营销活动的短视频会让美女、萌宠、景点等出镜,这些都会迅速抓住用户眼球,用户在前3秒内的体验很好,就会为自己的愉悦感付费。

除此之外,很多商家通常在开业周年举行活动,一些电商平台上还会在相关短视频中有红包等福利,这些营销活动都能刺激用户去关注、消费。

3.不与用户做互动

在短视频运营中,有些人上传了视频之后,不知道还要采取什么措施让自己的视频更受欢迎,或者"守株待兔",坐等用户观看,对于用户的评论也毫不关心或者对各种评价感到心烦意乱,还有人应付不过来太多的评论,久而久之就失去了耐心。这些都是运营中的误区,因为有些视频发布之后,用户不能马上获取有效信息或者想到有意思的话题,他们看完之后会查看评论区,看看有没有让自己灵机一动、畅所欲言的点;也有用户在评论之后,非常想看到运营者的回复,以满足他们被尊重的需求。

刚开始做短视频运营的人如果没有采取手段,评论区的评论就会寥寥无几,如图9-3-1所示。因为视频中没有亮点,也没有槽点,用户想评论,却无从下"嘴"。所以运营者需要主动引导用户评论,不能坐等自己的视频淹没在视频大潮中。比如一个关于女生穿搭的短视频发布之后,可以找亲朋好友在评论区留言,可以评论说这套穿搭很美,很符合女生的气质,也可以"自黑"说衣服很好看,但是与女生的气质不协调。如果衣服真的很美,用户自然会跟风评论,也会抨击"黑粉";但如果衣服没有亮点,有些用户就会认可"黑粉"的评论,也会有人出来

"主持正义",从而引起争论。

图9-3-1

短视频刚发布时,可能会引起很多人的关注,但是它的时间效力是很短暂的,用户看上几遍也就疲劳了,而且用户评论的目的很多是想和运营者交流,如果没有看到回复,热情的心也就会冷淡了。所以用户评论之后,虽然限于精力,不可能每条都回复,但需要有针对性地回复几条,如果有合适的回复,就会再次激起用户的热情。比如有人发布了一个准备考驾照科目二的视频,评论区有人说:"考挂了吧?"结果收到的回复是:"教练挂了。"结果又引来新一轮评论。

另外,短视频可能会存在各种问题,好心的用户就会指出视频中的问题,如果运营者不查看评论区,就发现不了问题。查看评论区还可以了解用户想法,然后根据用户需求来制作短视频。比如某个美食短视频做的美食比较高端,用户评论说想看到家常菜的做法,运营者根据需求改进视频后,引来大量粉丝关注。

与用户互动是维护粉丝、获得用户黏性的关键,与粉丝经常性地进行互动，可以增进了解、培养感情，粉丝一旦认可了你的运营策略，感觉在与你互动时很温馨、很愉快，就会对你产生依赖，也就是说，他们会有一种归属感，当你发布短视频后，他们出于这种归属感，还会帮你转发。而平台考察短视频的标准就是用户活跃度，所以说，与用户互动必不可少。

除了以上提到的评论区互动策略，还有视频内容互动策略。可以在短视频结束时向用户提问题，欢迎大家在评论区踊跃留言。例如，某访谈类短视频以大学生为访谈对象，在视频结束时，向用户提问："对上大学谈恋爱你怎么看？"然后收集用户评论留言，据此拟定下一期的访谈主题。还有一种做法是在视频中答复用户评论，对用户的评论进行赞美或调侃，某些吐槽类短视频就是这样做的，用户看到自己的评论上视频了，就会产生极大的兴奋感，感到自己的价值被挖掘了，从而会更加踊跃发言。

有些短视频为了不断地增加新鲜话题，会鼓励用户投稿，选择优秀的来稿并与用户合作来制作短视频，每个用户都有实现自己价值的需求，看到有机会实现梦想，就会摩拳擦掌、跃跃欲试。当然，对于没有采用的来稿也要有相应的措施，不能让用户感觉自己没希望成功，因为他们一旦感觉自己失败了，对短视频也会产生冷淡情绪。对于没有采用来稿的用户，运营者可以对他们进行鼓励，评比出最活跃的用户，线下可以给他们邮寄小礼物。

4.运营渠道单一

在短视频运营中，有些人以为在一个平台上发布视频就可以了，这是一个很大的误区。这就像是找工作都有一个误区，以为只有在网上投简历这一种渠道，不知道找工作还应该找关系，或者经人介绍。

短视频不能只在一个平台上发布，原因有以下几个方面：现在互联网技术很发达，每个人都有智能设备，但出于各种原因，每个人使用的平台不尽相同，比如某公司高层领导喜欢用"抖音"，员工都会跟风下载"抖音"；各个平台的主打短视频类型会有所不同，例如，"抖音"上面比较火爆的短视频一般是搞笑段子等类型，而某些资讯类平台只做新闻等类型的短视频；各个平台的推荐算法、机制也不尽相同；在流量时代，各个平台并不能一直处于行业领先地位，后起之秀超越业界大牛的案例屡见不鲜。

在短视频日益火爆的时代，各个平台都在想尽办法争取自己的一席之地，他们对发布短视频的运营号都会有一些利益倾斜，比如有些平台可以让用户打赏短视频，或者举办一些活动，还有些新上市的平台为了吸引投放会给予运营者一些好处，运营号可以借助这些活动推广自己的视频，如果只在单一的渠道发布短视频，就会坐失良机。

举个例子，某运营号在前期为了学习制作短视频，选择一个平台进行发布，到后来形成了一定的粉丝团，这时他转变性质，开始变现了，但他依然在这个平台上发布，用户只有几十万，很难提高。这时有人为他出谋划策，让他在多个渠道同时发布，虽然还是最开始发布的平台粉丝最多，但其他平台的粉丝加起来也有一定的数量，而且还在继续增加，所以很轻易地突破了人数瓶颈。

还有一个误区是运营者在多渠道发布视频时，为了省事，没有侧重点，设置的关键词、标题等完全一样，然而，各个渠道的规则、特点等不一样，如果没有按照平台的这些特点改变短视频，就不会获得最高的关注度。

具体来说，一些平台的视频内容具有明显的倾向性，比如西瓜视频主打游戏视频,如图9-4-1所示,用户在搜索关键词时游戏的关键词占比很大,所以在西瓜视频上投放搞笑类短视频,搜索量不会很高。因此,发布短视频时可以灵活改变关键词,比如视频内容是篮球运动投篮瞬间,在西瓜视频上发布时关键词就可以写成"灵魂射手"。总之,要针对平台内容的倾向性,积极主动地做出应对措施。

图9-4-1

不同的平台,对短视频的时长限制不一样,所以要针对这一规则分别剪辑短视频。比如某地球科学类短视频在传统平台上只有一集,时长共4分钟,"抖音"火了之后,运营者也想借力推广科学知识,但是"抖音"平台的时长限制是1分钟,运营者就根据平台的规则把视频剪辑成4集,每集1分钟,用户在看到其中一集之后,如果被内容吸引了,就会搜索其余的内容。

由于平台对短视频内容具有倾向性,平台的用户也具有不同的喜好,比如"美拍"的用户女士居多,她们会看一些美妆、时尚、穿搭的短视频,如果没有了解用户喜好,投放其他类型的短视频势必无人问津。针对这种情况,运营者应该有选择性地发布短视频,比如某旅游类短视频,在视频中人物是女士时才发布到"美拍"这些特殊的平台上。

在刚开始运营短视频时,不知道哪个平台更适合自己的情况是很常见的,这时选择多渠道发布更能见效。比如某书法类短视频运营者在研究了各个平台之后,决定在主流渠道、小众渠道上都发布视频,虽然用户数量都不高,但是主流渠道上有用户搜索,小众渠道上也有人看,点赞率相对更高一些。

短视频运营实操手册

还有一种情况，目前短视频的审查力度很严格，出现误判而被禁播的情况也不少，如果只在一个平台上发布短视频，某个短视频被误判为不合格，这会影响运营者的心态，所以在多渠道上发布短视频是非常有必要的。

5.不持续关注渠道动态

不持续关注渠道动态也是很大的误区。渠道动态主要包括以下几个内容：一是平台官方政策动态，比如某平台修改了红利分配规则，对视频的要求发生变动等；二是渠道官方活动动态，比如平台在情人节要举行什么活动，在刚上线时举办什么活动等；三是渠道技术、功能革新动态，比如某平台上线了一款新功能，点赞之后即可收藏短视频。这些动态都是我们要持续关注的，因为渠道是短视频的土壤，不关注土壤的状况，上面栽种的短视频之花必然会凋零。

渠道动态对运营者非常重要，只有持续关注渠道动态，才能把握好短视频运营的方向。我们可以根据平台的动态了解平台对短视频类型的政策倾斜，可以了解平台的用户变动，可以在平台活动开始前及时准备，可以在活动中脱颖而出，也可以根据平台功能的改变及时调整自己的运营策略，这样不仅可以逆水行舟，还可以顺势而为。

短视频和商品一样，有市场需求，也有市场规律。当一个类型的短视频走红以后，就会有大量的人跟风，而平台在初期为了吸引流量，会大力支持推荐这类短视频；一旦人们产生审美疲劳，不再需求这种短视频之后，平台肯定会采取措施限制这种短视频。这种决策干预可以从平台的动态来了解，一些平台会在首页等位置重点推送、置顶一些短视

第九章 风险：短视频运营的7个误区

频，并在其他渠道发布一些有关信息。比如某个平台大力推荐一条科普视频，并在微信公众号上推送了一条标题为"谁说科普不能玩短视频"的文章，而该平台的领导层也在公开场合发言要向知识付费方向发展，根据这些就可以判断出该平台有改变自己短视频格局的趋势。

由此可见，对于新手来说，在还没有形成做什么类型短视频的情况下，关注渠道动态，了解渠道信息，可以避免盲目跟风，尽快厘清思路，做出相应的对策。比如针对平台鼓励科普类短视频这一动态，如果条件允许，就可以着手做这类短视频，在其他人还没有做出行动之前，就可以占尽先机。

有些动态看似和自己无关，但是仔细思考就会发现，这些动态无不蕴藏着一些机遇。例如，"抖音"的微信公众号曾经推送了一篇文章，题为"抖音致全国非遗传承人的一封信"，如图9-5-1所示。普通运营者都不是非遗传承人，非遗传承人会有多少人看到这篇文章呢？他们大多数都已上了年纪，而且身处小城市和乡村之中，可能都没有听说过"抖音"。这时运营者组织团队联系非遗传承人，和他们合作拍摄短视频就是一个不错的想法。

图9-5-1

渠道新上线的功能也能反映平台的一些趋势，比如"抖音"新上线的"未成年保护工具"，虽然是针对青少年的一项功能，但它说明"抖音"在向着制度化、规范化迈进；而某些平台新上线的小游戏看似与短视频运营毫无关系，但是联系平台遇到的各种限制，就会发现这是平台为了重新吸引用户的一种手段，间接说明平台或者流失了一部分年轻用户，或者有做游戏视频的打算。根据这些信息及时调整对策，才能维持生存。

此外，关注平台动态还可以避免违反相关规定，比如某个平台的微信公众号有一篇文章题为"打击侵权，维护原创"，这就给了我们平台要整顿侵权的信息，有的视频或多或少有抄袭的痕迹，这时就要审查自己的视频是否合乎规范，尽早剔除可能违规的视频。

由以上内容可见，不关注渠道动态不仅是误区，还可能严重影响自己的运营之路。所以如果运营者是团队的话，最好能安排专门人员关注并分析渠道动态。如果是个人，可能精力有限，看到动态也想不到深层含义，那就最好能经常上网搜索动态分析，以及时做出反应。

6.硬追热门

热门就是受到大众关注的突发事件、节日、新闻八卦等焦点性内容，追热门是运营者都会做的事，这是提高关注度极有效的方法。但是，运营者很多时候会硬追热门，这反映了运营者急功近利的心理，不难想象，每一次热门事件发生后，这些运营者都渴望借"东风"把火烧旺，但不是每一次热门都是"东风"，还有可能是"西北风"，而且如果自己的能力不够，就算"东风"很强劲，也难以把火烧起来。

如果只是练习怎样追热门,没有盈利目的,这是可以的,是应当被鼓励的;如果是为了赢得用户的关注,转化为流量,追热门就要有冷静的头脑了,不能不考虑自己的短视频和热点是否有关联。用户对热点已经看得很多了,如果你蹭的热点没有新意,用户出于厌倦心理,可能都不会点击观看,或者看了几秒钟就会退出,这都会影响点击率和播完率,更重要的是影响平台对视频的推荐。更有甚者,连续硬追热点,不管内容是否恰当,粉丝都会厌烦这种做法,久而久之,粉丝自然会流失。

追热点要注意短视频与热点有没有关联性,比如自己的短视频是时尚美妆类,过几天就是情人节,这个热点就可以蹭,而且蹭得好可以上热搜;但是热点是某个战争剧热播了,这个时候热点与产品毫无关联,如果硬蹭热点,蹭得不好还会引来骂声。所以不考虑热点与短视频内容的关联性是相当大的误区,要知道"强扭的瓜不甜",资深的运营者都会避免这种情况发生。

热点也有正面热点和负面热点之分,一般运营者都会追正面热点,因为负面热点有一些让大众反感、悲伤的情绪,追这种热点很容易弄巧成拙。比如某位名人出绯闻了,有些人对伤风败俗的事情很反感,不论怎么表达自己的观点,都有可能引起大众的不满。

热点都具有时效性,在一个热点发生后的6小时内,是追热点的黄金时段,如果过了这个时段,还在追这个热点,持续发布相关短视频,用户早已腻烦了,点击率等肯定会掉下来,白白浪费自己的精力。

还有一种情况是自己的能力不够,虽然热点和视频内容有关联性,但是自己无法很好地将它们组织起来达到夺人眼球的效果,这时要视自己能力去做,不要硬追。比如短视频类型是情感类,而热点是端午节,视频内容描述的是节日这天孩子给父母送去粽子,表达对父母的感激之情,视频标题是"粽情暖暖,送给家人",内容和标题都不出彩,很难让用户点赞。

有些人看了几个爆款短视频后，认为可以向他们学习，在追热门时可以别出心裁，这样就会提高曝光度，只要播放量上去了，就不愁不能转化成利润。比如吐槽段子类短视频追热门可以卖广告位，时尚美妆类追得好就可以卖出流行化妆品，知识技能类追热门可以让大众付费，但是这些交易具有即时性或短周期性，而长周期性的消费品并不适合，如图9-6-1所示。

图9-6-1

例如，有个公共空间设计运营团队在平台上经常展示自己的设计成果，在举行世界杯的时候，这个团队在平台上推出了酒吧间设计方案的短视频，设计风格非常接近世界杯足球场，当时引来很多人关注，但是转化率并不高。这是因为酒吧运营者在没有创业或装修需求时，不会因为看了短视频就会有装修的冲动，他们可能很长时间以后会想到这个设计团队，但是世界杯早已结束了，这种装修风格也不会有人再次提起，蹭热点只是白白浪费精力。

所以长周期性的消费品追热点即使很成功，理念很潮流，也无法取得高转化率，而消费者也不会单纯为理念付费，他们更注重实用。因此，长周期性消费品的运营者做短视频不要硬追热点，这类短视频的目的主要是让用户分享，要让每一条短视频都能引起相应用户的兴趣，让他们认为值得收藏，认为日后必然能够用得上。

总之，我们一定要克服硬追热点的误区，与其为了热门而不惜一切代价不如将功夫做在平时，把短视频运营当作日常工作，只要坚持创作，不断提高自己，久而久之，粉丝数自然会上升。

7.从来不做数据分析

流量时代也是数据时代，各种信息背后是不同的数据，如果不对短视频做数据分析，就无法看到自己短视频的亮点与不足，也无从做出改进；如果不对平台进行数据分析，就可能无法达到用户最大化。

数据分析中最基础的是对自己的短视频进行分析，评价一个短视频的数据有点赞率、评价率、播完率等指标，这些指标可以根据平台上面的基础数据进行计算。有些人感觉自己没有这方面的精力，或者自己的短视频数据总是很低，心里怕受打击，就一直不想做数据分析，这些都是严重的误区。因为这些指标可以反映视频内容是否优质，也可以反映用户对视频的喜好程度。比如一个标题为"扎心语录"短视频，它的内容是文字配图片的形式，每个短视频中只有三四个语句，但是用户不喜欢看文字，所以播放量不高。如果运营者没有做全面的数据分析，只是查看了一下播放量，很可能会感到深受打击，但是综合各种数据来看，很可能会发现受众虽少，但是好评度却很高，比如播放量是3000次，点赞数是1152次，评论数是321次，这说明视频的内容还是很优秀的，需要改进的是内容表现形式。

发现了自己视频中的缺陷，接下来就要和同类视频做数据对比分析。还以"扎心语录"短视频为例,同类视频除了内容形式相同的,还有真人谈话形式的,这种形式的短视频有的侧重于风景,有的侧重于人物。侧重于风景的短视频播放量虽然比图文形式的播放量高,但是点赞率较低,研究发现,"扎心语录"的重点本身是语句,而加入的风景让用户相当分神,对语句也就没有了感觉;而侧重于人物的短视频,特别是有美女出镜的,数据都很乐观,这一方面反映了用户注重颜值,会受人物语气的感染,另一方面反映了短视频时代,图文形式已经落伍了。

这些都是最基本的数据分析,而运营者想要更上一个台阶,就要对平台进行数据分析。这些数据包括平台使用时长、平台用户数、用户性别、年龄分层、消费偏好等。如同播放量等基础数据一样,这些数据也不能单独来看,有些运营者一看这么多数据,感觉作用不大,而且分析不出个头绪,索性放弃分析,这就如同因噎废食。其实数据分析并不复杂,也不用很精细,因为数据分析的目的是指导运营,只要能看出大致趋势就可以。

例如,对各个平台的用户数量进行分析,可以得到各个平台的排名,当前排名靠前的几大平台是"抖音""快手""火山""美拍""猫咪",但是不能只根据排名发布短视频。然后需要分析各个平台的视频类型,可以发现,"抖音""快手"等是综合性的,里面的短视频类型很丰富;"美拍"主打美妆、时尚、穿搭,类型较单一。这一方面说明平台要做大需要不断突破类型瓶颈,另一方面说明投放视频要考虑平台是否接纳。然后要根据自己的商品类型有针对性地分析其他数据,比如商品是时装,就要分析用户性别比例、年龄分层等;商品是知识产品,就要分析用户的消费偏好、消费价格区间,并需要结合播放量来分析。比如某运营号的商品是指导写作的音频,通过分析这些数据,得到了消费用户占观看视频用户的比例,该比例太低,说明用户不愿意购买;再分析用户的消费价格区间、同类短视频的内容等,可以发现用户要么感觉商品价格太高，要么从视频内容中感觉不到商品有什么帮助。也就是说，数据分析可以帮助自己认识缺陷，及时改正弊端。

　　运营短视频的高手还会调研平台的数据动态，综合分析平台的数据变动，得出平台的发展趋势、用户的喜好等，再据此定位、制作自己的短视频，就能受大众欢迎。比如某运营团队在各个平台上都会发布短视频，经过一番数据分析之后，他们发现其中一个平台虽然不是行业领头羊，但是连续三年用户人数都在上涨，而且30~40岁年龄段人数上涨最为明显，该平台具有购物渠道，排名处于前三位的分别是时装类、办公类、母婴类产品。根据这些数据，该团队专门制作了一系列母婴类短视频在该平台上发布，经过用户挖掘和商业化测试，拥有了大量的粉丝，他们代理的母婴产品也有很高的销量，不少企业开始寻求合作。

　　总而言之，数据分析可以让我们"运筹帷幄之中，决胜千里之外"。"凡事预则立，不预则废"，在事前多关注平台数据，在事中跟踪自己的数据走向，依据数据做出推测，比事后再论证失败的原因要更有"战斗力"。

第十章
变现：收割短视频红利正当时

1.为何有人月入百万元,有人粥都吃不上

随着短视频风口的来临,无论是有特殊才能的还是没有资历的,都可以被吹到天上飞一阵,就像是安迪·沃霍尔说的:"未来的每一个人都能成为15分钟的名人。"但是风口背后,有人月入百万元,有人连粥都喝不上。

从短视频出现到现在,不过短短的三四年时间,而用户量却像病毒一样瞬间爆棚,以搞笑、幽默等为主题的视频如同章鱼一样,伸出其又粗又长的触手,从四面八方把用户牢牢地盘在中心。那些知名网红掌握着大量的流量,而个人运营者也如雨后春笋般不断出现,以个性的视频瞄准不同的用户。

例如,"抖音"刚刚上线时的定位是做音乐创意短视频,目标用户是年轻用户;"快手"的定位是记录、分享生活;"美拍"的主要用户是年轻女性。除了平台,运营号也以其垂直性吸引固定用户,"一禅小和尚"讲述一禅和师父的生活故事,以情感、幽默为主题,吸引了很多有情怀、重感情的用户关注。

在短视频的风口下,视频内容不断地向生活的各个方面延伸,几乎覆盖了人们的衣食住行,据不完全统计,目前颇为火热的类型有幽默搞笑类、影视解说类、母婴类、美妆时尚类、实用技能类、资讯类、科普教育类、美物情怀类等,虽然内容越来越广泛,但是短视频开垦的耕地几乎已经遍布各地。按照经济的发展规律,接下来各个平台、运营者要跑马圈地了。

第十章 变现：收割短视频红利正当时

在行业巨头的挤压下，很多运营者都在艰难地生存着，调查显示，将近一半的运营者入不敷出，还有一部分只能勉强盈利，月入上万元的只有极少数的大咖。

视频制作艰难

对于个人或小团队运营者来说，制作短视频几乎都是从零开始慢慢摸索，别看平台上的视频只有十几秒或几分钟，但是制作起来很不容易。为了拍摄到优质的画面，他们要连续反复拍摄，之后，有的人用手机剪辑视频，有的人刚开始请教别人，他们摸索出门路后开始配字幕，运用专业软件剪辑视频，所以从拍摄到发布，这其中的过程需要很长时间，一般是两三天制作出一个短视频。

可见，短短的一个视频要耗费这么多精力，但是制作出的视频不一定得到大量的关注，如果连流量都没有，又何谈变现呢？

获得粉丝艰难

短视频的运营者非常多，但是占据头部的运营者实力雄厚，其他运营者只能干瞪眼、咽唾沫，拼尽全力也难以获得大量粉丝。当然，这里的首要原因是视频内容。

短视频不同于长视频、直播，它的内容需要沉淀，需要有价值，用户已经不想浪费精力观看没有用处的视频了。而很多运营者表示在创作视频时很难想出比较好的选题，这也就造成了视频内容的平庸，而且视频内容不能违反平台规定，还要精准地抓住用户眼球，这都给运营者带来了难度。

更进一步，用户的喜好不是恒定的，特别是在铺天盖地的信息大潮中，用户的口味可能几天就会变一个，所以运营者要与时俱进、不断创新，随时关注热点、用户的喜好，给自己带来了困扰。

商业变现艰难

目前短视频的变现方式一般是销售商品、出租广告位、知识付费、打赏等，如果视频的关注量不大，就不会有人来购买商品，而广告商租借广告位看中的也是关注量，所以关注量决定了运营者有没有出路。

但是，就算关注量足够，有的运营者还是吃不上粥，因为有些用户观看视频只是为了娱乐，还有的用户对商品不是很信任，或者认为商品比其他平台贵得多，不愿意掏腰包。因此，有些运营者转型做起了其他类型的短视频，比如某个运营者之前做的是搞笑类短视频，但是用户看完就没下文了，对里面的商品信息不屑一顾，所以他认为这种类型的视频虽然用户量大，但是变现很难，就开始做起了宠物视频，在视频中出售宠物商品。但是转型是要经过阵痛的，用户看到他改做宠物视频了，一哄而散，留下的没有几个。平台的推荐机制也给其带来双重打击，因为粉丝数掉了，点赞数掉了，平台就不给推荐了。

很多运营者遇到这种问题后难以长期坚守，毕竟转型后的视频面临着不同的竞争者，而这些竞争者已经占有了很大一部分市场份额，要想在这种夹缝中生存，艰难程度可想而知。

2.papi酱们是这样赚钱的

2015年，网名为"papi酱"的姜逸磊开始在网上上传短视频。2016年，这位中央戏剧学院研究生开始走红，被称为"2016年第一网红"，其短视频的广告价格也随着她的名气而飙涨，一时间达到了两千多万元。

在papi酱之后，短视频行业涌现出了很多网红，知名的有"办公室小野""大胃王密子君"等，他们以各具特色的短视频迅速吸金。看到这种现象，各个视频平台也相继推出自己的短视频、综艺节目、电视剧、电影等也将长视频进行了剪切,以短视频的形式来顺应这股潮流。那么短视频是怎样变现的呢?

平台分成与补贴

从网红直播开始,各个平台已经意识到了网红吸引用户的作用,到了短视频时代,各个平台投入了大量的补贴来吸引短视频创作者,并设立了与主播分成的机制。

在直播时代,各个平台与网红的分成比例一般是7∶3,也就是说,粉丝给主播送礼物后,主播只能拿其中的三成,比如粉丝花100元送了主播一辆"跑车",到了主播手里只有30元。而各个平台的热度也不一样,但无论直播平台是否火爆,排在前几十位或前几百位的主播才会收到大量的豪华礼物。

短视频平台不仅会和主播分成,还会给予主播一定的补贴。比如有些平台会把自己的商品挂到短视频运营者的橱窗中,变现后就可以分给运营者一定的红利。除此之外,平台也会与运营者合作,让运营者拍摄广告、带货等,然后进行利润分成。有些大型平台为了照顾到大多数创作者,还会将平台的盈利分享给他们,这样,收入较少的运营者也能有本钱专注开展短视频的制作了。

目前,有分成政策的平台有今日头条、一点资讯、天天快报、大鱼号、搜狐视频、爱奇艺、乐视网、腾讯视频、暴风短视频等,特别是今日头条推出了很多政策吸引创作者,设立了平台广告收益、用户打赏收益、千人万元计划等很多项目,只要短视频创作者按照平台规定持续创作,就有可能分到平台的补贴。

广告盈利

在短视频成为风口的今天,广告商也看中了这片肥沃的土地,相继在各个平台上投入广告。爱奇艺、优酷等视频网站就利用这个商机,既捞到了广告商的投资,也通过广告间接让用户付费。papi酱刚开始时即瞅准了这大好的机遇，以2200万元卖出贴片广告。

直到现在，广告依然是短视频收入的主要来源。因为只要有流量，广告就可以变现，所以广告几乎适用于所有类型的短视频。不过，短视频的种类不同，广告的收入就不一样，比如有些图文短视频粉丝较少，广告转化率也低；有些小众化的内容虽然粉丝量不多，但是由于用户黏性大，转化率反而高；泛娱乐化的内容粉丝很多，传播范围广，但是用户很少注意广告，所以广告主要以吸引流量为主。

电商盈利

很多运营者在后期开始做起了电商，特别是垂直性很高、用户很精准的短视频具有做电商的优势。

以抖音来说，每个运营者都可以开通商品橱窗，用户点击进入橱窗后发现，这里几乎和淘宝等购物平台类似，但更为简洁，操作起来很容易上手。如图10-2-1所示。

图10-2-1

这些用户精准的短视频拥有忠实的粉丝，粉丝在观看短视频的时候，对运营者的商品也非常信任，所以运营者通过电商盈利是最佳的选择。比如有个短视频的内容是指导粉丝如何识别真假化妆品，如何挑选性价比高的化妆品，而自己商品橱窗里的商品都是运营者精挑细选的化妆品，用户对他非常信任，短视频变现的能力就很高。而且生活类商品，特别是时尚美妆类产品非常容易和电商结合，因为这些商品用视频形式展示能够凸显商品的特质，而电商又带有购物链接，很方便用户立即下单。

除了实物交易，短视频还可以出售服务、虚拟产品、知识产品等，比如旅游类短视频就会出售旅游服务、旅游配套产品等。

IP打造

IP，很多人都听说过这个词，但它是什么意思呢？形象地说，就是人们看到一张图片、几段文字，听到一段声音就能想起短视频运营者。举个例子，很多人都玩过魔兽世界，当他们眼前出现魔兽世界里的一个标志、一个武器或者听到一句台词时就会想到这个游戏，这就是IP的作用。

短视频也可以打造IP，当一个短视频具有IP效应后，往往就具有了很强的变现能力，因为IP可以强势推广运营者的短视频。不仅如此，IP可以衍生出很多产品与服务，比如《爱情公寓》走红以后，很多人看着《爱情公寓》电视剧，穿着电视剧里的睡衣，用着演员喝水用的搞怪茶杯，这些都给剧组带来不菲的收入。

可见，打造具有IP效应的短视频应该是运营者的出路。而打造自己的IP需要注意三点：内容、人物、影响力。具体来说，内容方面，要注意是否优质，是否具有正确的价值观或者非常显眼的特色，还要尽量向各个领域延伸，比如游戏、电影、衣服等各个方面；人物方面，要打造具有个性、辨识度高的人物，比如"陈翔六点半"就是例子，要让用户看到照片就能想起相关的短视频；影响力方面，要拓宽短视频的传播渠道，要打造经典，因为经典会让用户产生情怀，从而带来可观的收入。

例如，江在隅就是一个非常有名的IP，这个运营号是专门做美妆的，但是他们刚开始做的是搞笑类短视频。江在隅团队认为要想取得收益，还是要在内容方面入手。2018年，他们推出一条万圣节美妆短视频，在网上取得了不错的效果，这让江在隅确定了自己的视频内容，从而进一步挖掘，打造出具有自己特色的IP。

3. "出逃"直播的网红，如何在短视频江湖继续吸金

随着短视频的兴起，直播行业受到了很大的冲击。不少网红感到很无奈，也有网红看到短视频的发展潜力，离开了坚守很久的直播平台，开始转战短视频江湖。

不少网红表示，直播领域里除了吸金能力很强的网红，其他网红基本没有盈利，而到了短视频时代，网红几乎受到了灭顶之灾。他们不知道直播行业还能维持几年，感觉在直播行业里既不能赚钱，也失去了青春，这样下去丢失的还有自己的未来。

但是无论这些"逃离"直播的网红是迷茫从众还是有过认真的考虑，短视频行业都是摆在他们面前的一个未知领域。短视频与直播不同，它的盈利模式是从事直播的网红们不擅长的，所以网红在短视频领域里怎样继续吸金呢？

以才艺吸金

不少网红在做直播时靠的不仅仅是颜值，他们也要有自己的才艺，有的会唱歌、跳舞，有的会演奏乐器、会讲故事、会搞笑，他们转战短视频还可以依靠这些才艺吸金。

但是网红的才艺在短视频行业里很难拥有直播行业那样的变现速度。举个例子，一位网红以前在直播平台上经常表演弹古筝，而她的拿

手绝技是蒙眼弹奏，凭借这一特殊本领，她收获了一大批粉丝。后来她感到平台开始变冷了，就退出了直播，进入了短视频行业，开始录制蒙眼弹奏古筝的短视频。依靠以前直播平台的影响力，她还是拥有可观的粉丝量，但她还是有苦衷，感觉自己的短视频播放量还不错，以前直播主要是靠粉丝刷礼物，现在发布短视频很少有粉丝送礼物了，而其他盈利也少得可怜。

事实上，粉丝给网红送礼物是为了让网红关注自己，与自己互动，可以说，网红越显得和粉丝亲近，关系越暧昧，粉丝越愿意给网红送礼物，所以才艺并不是主要吸引用户送礼物的原因，而且必须是在线即时直播才会有很好的吸金效果。而短视频是网红制作好上传到平台的，缺少了即时在线直播的氛围，缺少了互动效果，粉丝的热情自然减少了很多，因此，利用才艺吸金需要做出改变。

网红直播的才艺大多数只是单纯的表演，很少有原创。而短视频重视原创，比如抖音上很流行的歌曲《四块五的妞》《青花瓷》《公子向北走》《你笑起来真好看》等，要么是纯原创，要么是改编，所以网红如果还希望依靠才艺吸金，就要静下心来挖掘潜能，告别直播的浮躁情绪。

隐形带货

不少网红表示，短视频的赚钱途径还是做电商、广告，至少做这些不用愁经济来源。

因为用户已经很厌烦硬植入广告，所以短视频运营者一直在思考软植入广告的方式，而网红们的加入让运营者找到了一些突破点。网红自带广告效果，她们的颜值就是不错的天然广告，给她们配上时装，她们就是踩着水晶鞋的女神，给她们一杯奶茶，用户就会感觉到一种丝滑。

用户在观看短视频时，对于视频中隐含的广告元素可能不会太在意，而有了网红的支撑，这些广告元素就会非常亮眼，用户看到好看的衣服等商品，出于好奇心理，就想知道这是什么商品，如果感觉商品很适合自己，马上就会有入手一件的冲动（见图10-3-1）。

图10-3-1

虽然带货赚的钱不如直播那么多，但是也算是网红转型之后比较符合自己的一条生存之路了。

和运营者合作

有些短视频运营者万事俱备，只欠演员，而直播平台流失的网红恰好可以做他们的演员，网红在合作之后也发现这种收入更加稳定。

在合作关系中，运营者负责创作内容，而网红则根据运营者的需要扮演视频中的人物，所以很多网红感觉这种关系就像是老板与员工的关系，而不像直播那样，要凭借实力不断与其他网红竞争粉丝、竞争排名、竞争礼物，在直播平台上，排名意味着平台的青睐，而礼物就是提高网红排名的武器，很多网红会为了排名而不惜自己买礼物送给自己，也有的网红输了一次排名战而伤心痛苦，这种经历可以说是给他们造成了不小的压力和阴影。而短视频的合作关系让他们摆脱了压力。

更重要的是，短视频平台更讲究内容，所以网红必须提高自己的演技、才艺等能力，这对她们的养成非常有好处，而运营者采取的按劳分配方式也让她们有了安定的心态，所以越来越多的网红会选择和短视频运营者合作。

4.视觉、流量、转化率——电商三要素的完美融合

伴随着短视频与电商的融合，各类企业都想挤进短视频行业中淘点金子。如果想要在这一行业中出类拔萃，还需要把握好视觉、流量、转化率这三个要素。

视觉：短视频的颜值

视觉就是短视频给用户带来的视觉享受，用户在观看短视频时，首先要感觉视频画面很美、很和谐，才能接着往下看，所以说，视觉是短视频吸引用户的颜值担当，是打开市场的有效手段。

优美的内容不仅能让用户对视频"一见钟情"，还能给用户留下很好的印象，让用户看过视频之后还想再看同类的，或者日后想起你的视频，这样就可以拉拢回头客。

短视频的视觉呈现大致有以下几种方式：一是创作者原创的视频画面，比如"一禅小和尚""王者视觉"（见图10-4-1）等，他们的短视频画面是自己团队制作的，成本较高，给用户留下的印象也很深；二是主播颜值很高，比如"钟婷""幺妹儿"等，这些运营者靠自己的颜值吸引用户，在画面方面就可以节约制作成本；三是拍摄外景，这种方式可参见旅游类、情怀类短视频，由于需要拍摄各地的美景，所以这种视频一般是公司来做，个人无法完成；四是简约而不简单的画面，这种视频的场景一般是生活场景，能勾起用户的某种情绪，比如"办公室

小野"，场景布置比较简单，以办公室场景让用户身临其境；五是美食类、美妆类等，主要以产品的质感给人视觉享受。

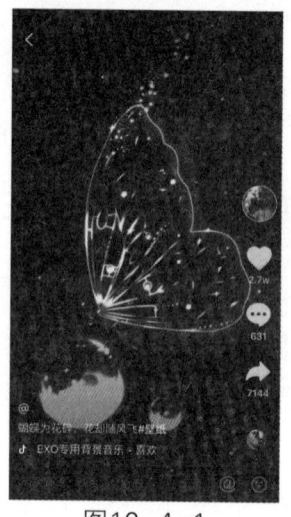

图10-4-1

除了场景等画面美感，视频的节奏也会让人产生美感，所以很多视频要么剧情很快，要么画面跳转很快，这就需要进行后期制作，不少创作者在这方面探索了很多方式，还摸索出了画面跳转的几种时间规律。比如"苏小昭"等，他们的视频里有很多制作视频和添加效果的方法。

流量：短视频的强心剂

视觉为短视频带来流量，所以流量是证明短视频吸引用户的重要参考指标，它也会促进创作者制作更优质的视频。短视频拥有很多变现模式，比如电商、广告、IP，但无论哪种模式都要有流量做保证，没有流量的短视频，是不可能用任何一种方式变现的。

短视频平台有一个术语叫"流量池"，它就像是不同等级的赛道，短视频创作者将视频上传到平台后，平台会根据粉丝数把视频安排在不同的赛道上，粉丝数少的就先在初级赛道上竞赛，如果视频在初级赛道上胜出了，就会进入更高级的赛道。一个视频是否可以进入更高级的赛道，平台会根据点赞量、评论量等来评判，而点赞量等升高的关键就在于视觉因素。

运营者制作短视频的目的是赚钱，流量越多，变现的概率越大。在电商平台上，经营者必须费尽心思来吸引用户注意，而短视频却有着四两拨千斤的功效，只要视频被用户大规模转发，就会有机会变现。

转化率：短视频的最终目的

对于用短视频变现的运营者来说，转化率是自己最关心的一点，因为看视频的人再多，没有转化率，自己也是白忙一场。

不可否认，有很多视频视觉要素非常不错，带来的流量也很可观，但是转化率就是不高，当然这与很多因素有关，比如泛娱乐化短视频的用户看完就会转看其他视频，停留时间很短，有些视频的受众人群不够精准等，所以要将视觉、流量、转化率三者融合起来，提高变现速度。

想要提高转化率，最根本的还是要打造IP，只有把自己的视频做成品牌，才能大规模地吸金。运营者形成自己的IP可以提高产品的信任度、知名度，用户不用考虑是否会上当，还会积极转发短视频。

毕竟打造IP是需要很长时间的，一般的运营者要在短期内提高转化率需要精准地获取用户。比如有很多女生的穿搭类短视频，用户就不是很精准，除了追求时尚的女生外，还有很多男性喜欢主播，也会关注短视频，但是这些男性只有很少一部分会为异性购买服装，所以有些运营者想到拍摄情侣套装，以提高男性用户的购买欲望。

除此之外，很多用户没有习惯看商品信息，所以短视频中应加入适当的引导，有了引导，用户才有意识点击商品加购。

5.打赏机制会成为短视频变现的新突破口吗

短视频火爆之后,各个平台都想赶这趟吸金顺风车,据粗略估计,目前短视频应用已有400多款,在这么多平台的虎视眈眈下,用户俨然成了一座座金山,但是平台想要充分开采还需要想尽一切招数。

短视频变现不如直播

除了少数运营者抱着学习的心态制作短视频外,大多数运营者是要盈利的,他们都希望像papi酱那样,利用短视频挣得盆满钵满。但是目前很多平台的变现方式比较单一,运营者感觉短视频还不如直播来钱快。

对比一下短视频和直播,就可以发现,只要主播上线,就会有粉丝给刷礼物,而短视频上传了上百个,也不见得有一分钱到账。当然,直播是即时的,具有互动效应,平台会设置很多礼物,只要用户高兴就会撒钱;而短视频平台一般不设置礼物,没有打赏渠道,这也是短视频变现效率低的一个原因。

不过,短视频和直播有共同点,就是都具有头部效应,直播平台上的主播永远是居于前面的最吸金,排在后面的主播往往是将直播当成社交工具;短视频的收益也是头部的拿走了大部分,中长尾的运营者只能利用其他方式谋生。

短视频平台推出打赏机制

平台在利用补贴、分成吸引运营者之后发现,有些中长尾运营者无法给平台带来收入,他们自己的生存还是很艰难,所以有的平台就希望用打赏机制来让运营者自己谋生。打赏机制一来可以让运营者依靠视频获得应有的报酬，二来可以激励运营者再接再厉，创作更好的视频。

首先推出打赏机制的是火山小视频，虽然一些短视频平台也有打赏，但只在主播直播时才有，短视频中没有这项功能，火山小视频推出这项功能就是希望赢得运营者的青睐，大量吸引有创作能力的运营者。

火山小视频也希望利用打赏机制让用户养成肯定创作者的习惯，为此，火山小视频更新了自己的推荐机制，将用户引流到所有运营者的短视频中，避免出现一家独大的局面。

打赏机制是否可行

打赏其实就是让运营者自力更生，这可以充分调动运营者的积极性。特别是对于中长尾运营者来说，粉丝的打赏就是给予他们的生活费，更可以激励他们创作，而粉丝对头部运营者的打赏可能更多。

需要注意的是，短视频和直播毕竟有区别，打赏这种思路很正确，但还需要摸索适合短视频的方式。

直播能让用户购买豪华礼物是因为直播具有互动性，用户希望得到主播青睐就会为主播送礼物，而有些用户在被主播点名或与主播聊天后会感觉和主播的关系变得更亲密了。有些用户送礼之后，会有等级、荣誉、粉丝团、特效、称号等，比如一次活动过后，给主播送礼的前十名粉丝会成为主播的"守护天使"，他们进入直播间会有特效显示，他们的留言也会与众不同，别人的留言是在留言区滚播，而他们的留言是在屏幕中心出现，这些都会刺激粉丝疯狂送礼。

短视频缺少主播与粉丝的互动，粉丝感觉不到主播的青睐就会缺少激情，但是打赏依然会是短视频发展的有利举措。平台在这方面还有很多需要摸索，比如可以学习直播平台的机制，给予用户头衔等称号，但是毕竟不能坐等平台推出机制，所以主动作为的应该是运营者。

运营者鼓励用户打赏最简单的方式就是，在视频中引导用户打赏，因为很多用户在看完视频后不会记得有这项功能，所以提醒是非常关键的。有的用户很讨厌主播开口要礼物，所以运营者要避免在视频中直接要礼物的方式，而是改成隐性引导，比如在视频中做出打赏的特效，给出打赏页面的画面等，都可以起到提醒的作用。

随着短视频的不断发展，打赏肯定会成为平台吸引创作者的一个有力措施，创作者不仅可以不用再依附平台了，还能自食其力。由此看来，打赏机制有可能成为短视频变现的突破口。

6.可持续发展的关键是打造自身的商业壁垒

虽然短视频变现给流量巨头带来了前所未有的红利，但是对于大多数创作者来说，变现依然很艰难，因为变现模式较少，很多创作者并不能利用现有模式盈利。比如电商模式只对商家有效，普通创作者不可能在短视频积聚了很多粉丝之后再考虑做什么商品；短视频打赏模式还很稚嫩，用户还无法接受；短视频上投放广告无法评估效果，所以广告商也不会轻易投资。

创作者想要在短视频领域变现，目前还不能急于一时，必须考虑可持续性发展，其关键就是找到竞争优势，具体来说，就是找到未被满足的需求、差异化的垂直内容、独特的盈利模式和产品供应链。

拍短视频也能卖掉大批农产品，农妇成了网红

有一位农村主播叫"巧妇9妹"，她凭借着自己的笑容和正能量吸引了大量粉丝，如图10-6-1所示。她在短视频中要么拍摄家乡风景，要么拍摄制作乡村美食，她让粉丝看到了农产品的品相，也让他们看到了去壳、剥皮的制作过程，还展示已经出锅的乡村美食，很多粉丝对农产品产生了极大的兴趣，也被主播的朴实所感染。在第一个月，她就卖出了3.5万千克橘子。粉丝们尝到了农产品的独特风味，就会一直购买她的产品，而乡亲们看到她家的农产品销售得快，也把自家农产品托她销售。由此，她不仅找到了变现的途径，也找到了短视频的内容方向。

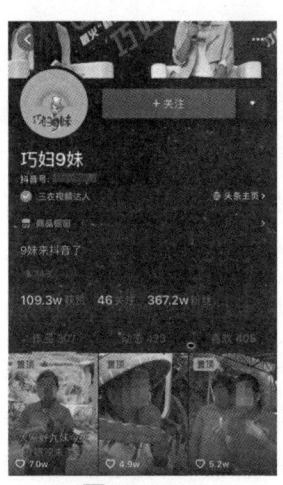

图10-6-1

短视频创作者做直播是最成熟的变现模式，因为在直播中，主播可以和粉丝互动，可以为粉丝展示商品及其制作过程，因为主播的粉丝众多，肯定会有粉丝现时购买主播推荐的商品。有的主播之所以不销售商品，是因为没有产品供应链，只能靠粉丝打赏赚钱。但是在短视频时代，看直播的粉丝量减少了，打赏的收益已大不如前，创作者如果找到独特的产品供应链，就可以让看直播的粉丝积极消费，并且由于产品比较独特，其他主播还无法竞争，这样就可以给自己带来很强的竞争优势。

迎合粉丝的需求，低回报直播技能教学

随着互联网行业的崛起，各种培训机构也如雨后春笋般冒了出来，但是培训机构的学费很贵，学习四五个月学费就要两三万元，而很多学生毕业后还需要不断进修才能应付工作，他们还需要消费购买网上课程。短视频的出现帮他们解决了一部分难题，比如代码类视频可以让用户学到几个较难的代码，但是用户的需求根本不是几个短视频能解决的，创作者做教学直播就给用户带来了福音，如图10-6-2所示。

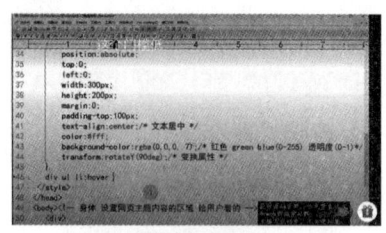

图10-6-2

用户刘帆找工作时被面试官难住了，面试官让他回家做一个任务：用echarts代码配合轮播图做一个地图，当文字介绍中滚播到某一个国家，地图上相应的国家就要有颜色显示。这让刘帆为难万分，因为自己以前学的前端代码中没有涉及到该类内容，他的同学也都没有做过，他试着做了一天之后，打算放弃这个工作。很巧的是，他看到自己关注的一位短视频主创正在直播，点进去之后发现该主创正在直播教学，这个主创在直播中说有学习需要的可以进群，只要在直播里送钻石进粉丝群就可以。刘帆问主创会不会echarts代码配合轮播图，主创正好拍摄了这方面的操作视频，而且视频收费较低，刘帆立即购买了资料，后来顺利做出了面试官要的效果。

由此可见，从事计算机类工作的用户需求很多，特别是参加完培训的学生，因为很多项目不精通，或者没有操作过，市场需求是很大的，而有专长的主播完全可以将自己的操作过程拍成视频资料，或者直播教学。

在计算机行业内，有很多人才不仅会前端代码，还会后端的Java、Python、C语言等。虽然其他主播都可以做教学直播，但是用户肯定会聚在全能型主播的粉丝群里，因为有需求之后很好找主播分享资料，这样主播就有了自己的商业壁垒。

重视用户关系链,打造"老铁经济"

很多创作者有一个误区,就是不重视维护用户关系,最多就是在视频结束时希望用户点赞点关注。很多用户虽然点了赞,成了创作者的粉丝,但是往往只看过该创作者这一个视频,见到其他优质视频就会成为别人的粉丝。这样的关系就像是蜻蜓点水,而粉丝之间更没有太多交流。在粉丝都不稳定的情况下,变现更是痴人说梦。

商业领域从来不是一个人的单打独斗,经营者都会有自己的固定客户、合作伙伴,短视频想要变现也要维护与粉丝的关系,或者与粉丝合作,或者让粉丝成为自己的固定消费者,这就是"老铁经济"。

"老铁经济"在直播中可以看到其巨大作用,给主播送礼物的往往是上送礼排行榜的前几名或前几十名,主播为了维护关系,会加他们微信,有了这些铁杆粉丝的固定消费,主播才能赚钱,其他人只是过客。短视频也是一样,创作者必须维护好几十个铁杆粉丝,因为不只变现要靠他们,还要靠他们建立商业壁垒,比如将这些粉丝拉进微信群,在群聊里销售产品或者发展粉丝成为自己的合作伙伴,在此基础上,创作者可以逐渐拓宽自己的商业领域。

7.如何突破变现困境

短视频变现困难一方面是因为变现模式较少,视频内容良莠不齐,广告商等商家难以估计广告投放效果;另一方面是因为创作者跟风创作,在运营之前没有考虑如何变现,虽然短视频有创意,也获得了可观的粉丝量,但是毫无变现经验,在实际变现过程中还处于纸上谈兵阶段。如图10-7-1所示,目前短视频变现面临的困境主要来自以下几个方面:流量支持不够、缺少帮助售卖的通道、平台补贴不够、粉丝黏性不足等。

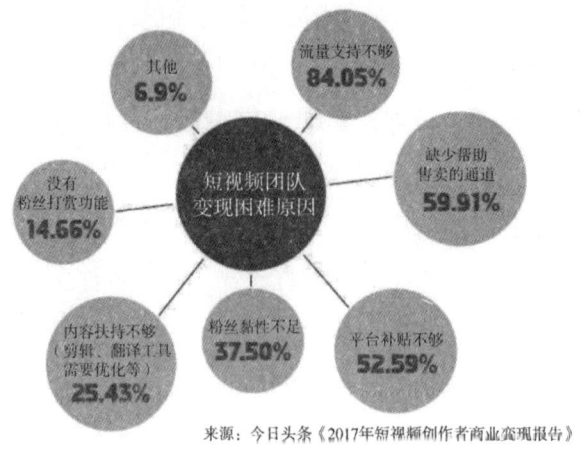

图10-7-1

为了突破这种困局，平台和运营者都在尝试、摸索，可喜的是，已经有了很多有益的借鉴。比如美拍推出了"M计划"，运营者主动约粉丝合作等，这些方式为变现打开了新的思路。

美拍的"新M计划"

为了给美拍的创作者提供变现机会，美拍推出了"M计划"，在2018年，又将其升级为"新M计划"。这个计划是为广告投放商提供一个平台，广告商如果有需求，就可以在平台上支付广告走单费用，创作者可以自行走单，双方达成合作之后，平台只收取很低的中间介绍费用，其他都是创作者的利益。

可以说，这个计划比较好地解决了短视频平台的缺陷，因为以往短视频平台虽然提供广告位、商品橱窗等，但是对创作者没有引导性作用，而这个计划代表着平台要参与调配资源，它的作用是两方面的：一是为广告商找到合适的短视频达人，二是为短视频找到合适的广告商。

如果没有这种引导作用，广告商只会看中头部创作者，那些垂直性更高、内容也很优质的创作者就没有机会竞争广告商，但是头部短视频的粉丝可能对广告并不是很感兴趣，因为垂直性不够高。比如广告商挑选了很长时间，看中了美妆类短视频，但是广告是粉底液，垂直性不够，用户看了并不买账。而"新M计划"会为广告商推荐垂直性很高的创作者，广告商就可以最大化盈利了。

在没有"新M计划"之前，创作者必须等广告商上门或者由专人和广告商谈合作，广告变现的难点就在于此。而平台在大数据的加持下，可以为创作者找到合适的广告商，难点一旦突破，变现就不是问题了。

运营者主动约粉丝合作

很多运营者发现，在短视频评论区其实蕴藏着一些商机，比如以前歌曲视频很火的时候，有的用户就希望和主播合作，希望主播能到他的公司上班。而到了短视频百花齐放的时代，各行各业也急需人才，那些个体创作者就是企业、团队关注的对象，很多短视频团队就在平台上挖掘出了自己团队的"颜值担当"。

但是，在短视频竞争越来越激烈的情况下，大部分创作者都是隶属于某个团队的，个体创作者的竞争力明显不够，有些创作者为了寻求出路，就把自己的微信号等挂在了个人主页上，以获得粉丝合作，更有一些创作者会给每个粉丝发私信，询问他们有没有合作意向，或者与粉丝互加微信，建立粉丝群，以主动挖掘金主。

不得不说，这种方式是有一定效果的，因为粉丝中间确实有一些商界人物。而有些在商界摸爬滚打了多年的创作者发现，短视频平台会为他提供更广泛的社交机会，因为商界需要的就是人脉。

比如，有一位饭店经理说自己以前做过公共空间装修，在和客户打交道时，总会询问对方的爱好是什么，曾经有一位客户说喜欢打台球，这位经理就和客户约好打台球，并故意输给客户，客户高兴之余，就将装修任务包给了这位经理。这位经理在做短视频时，又故技重演，在了解到一位粉丝是同城的一名大厨后，邀请他到自己的饭店工作，这位大厨的手艺拍成短视频后引来一大群顾客，这样，这位经理既宣传了自己的饭店，又赚了一大笔钱。

由此可见，短视频变现虽然困难，但是总会有人想出妙招，线上变现模式尽管单一，但是线下变现方式有很多，因为运营者不但可以在短视频平台上变现，还可以进行社交等，有时候迂回一下也可以达到目的。

8. 你不知道的短视频卖货变现秘诀

在短视频上，很多网红卖货赚得盆满钵满，普通创作者只能眼睁睁看着人家致富，自己却不知道里面的秘诀是什么。那么，短视频到底是如何在几十秒之内将流量变成大量现金的呢？

主播合作是最为便捷有效的变现方式

很多团队会找主播合作，这些主播出镜大多是起销售的作用，凭借着自己的颜值、口才、亲和力刺激粉丝消费，其中以薇娅、李佳琦等网红最为著名。

为了在用户休息的时间销售商品，薇娅和她的团队晚上六七点开始上班，做直播一直到凌晨，而在其他时间段里，她还要拍摄短视频，所以熬夜成了她的习惯。在她的工作室里，到处是当天要销售的商品，这是普通运营者不敢想象的。做直播以来，薇娅最好的成绩是在一小时内引导用户消费超过两万单。浙江省政府也看上了直播的优势，主办了"2019脱贫攻坚公益直播盛典"，邀请主播销售农产品，薇娅当天晚上的销售额达到了1000万元，成为当之无愧的"带货一姐"。

作为"带货一姐"，薇娅当然不会放过短视频，她在短视频里依然风光无限，凭借着自己的快嘴将粉丝导向店铺。由于这些网红具有魅力，所以短视频创作者会选择和他们合作，依赖他们的影响力来实现变现。在这种网红带货的趋势下，各个行业都在积极转型，建造直播间，聘请网红来将自己的产品销往全国。

很多网红也明白这种带货秘诀，积极寻求商家，为商家创作短视频。在这条快车道上，他们只能加速，不敢稍做停留。

商家自己创作，为自己的产品做宣传

很多商家为了节约成本，实现利益的最大化，会自己做主播，或者在短视频里只表现产品，最有效果的是制作有创意的内容。相比于和知名网红合作的成效，这种方式的效果自然会差一些。

在短视频上，我们经常可以看到一些富有创意的发明、制作，如图10-8-1所示，有些商家会制作一些机器人、坦克、液压挖掘机，奇妙的是，它们都是用纸板等材料制成的，其中最重要的部件、工具是电动机、胶枪、焊接工具等，这些就是商家的商品。这些发明对青少年或者爱好DIY的人非常有吸引力，比如液压挖掘机具有操纵杆，这些操纵杆是由注射器做的，人可以操控挖掘机行走、伸缩机械臂、挖掘，一般人是想象不出怎么做的，很多人为了自己做一个就会购买商家的产品。

图10-8-1

这种变现秘诀是不依靠主播,而是凭借产品本身的吸引力。这种方式会有一定的缺陷,就是如果产品没有吸引力,或者用户并不看好,效果就很一般。为了弥补这种缺陷,商家必须深入分析用户需求,提高自己的创意水平。

内容故事型短视频

有些商家既不请网红,也不制作创意产品,而是编剧本,为用户上演微电影。在短视频领域,网红很可能被新生网红取代,打造创意产品有一定的缺陷,而有剧情的短视频才能让用户一直记住。商家明白,只有让用户记住,才能让他们分分钟动心,才能实现长久盈利。

这类短视频中最出色的是"一禅小和尚""僵小鱼"等,动画的制作成本非常高昂,很多用户看完之后都对里面的主人公、剧情有强烈的印象,所以它们的粉丝都上千万了,这些粉丝有很多只观看视频,但也有用户已经成为忠实粉丝。就像是《盗墓笔记》拥有众多粉丝一样,而《盗墓笔记》已形成了自己的IP,会出售地图、雨伞、扇子等,上面都是主角的形象。"一禅小和尚""僵小鱼"也不例外,它们也有自己的产品,如图10-8-2所示。

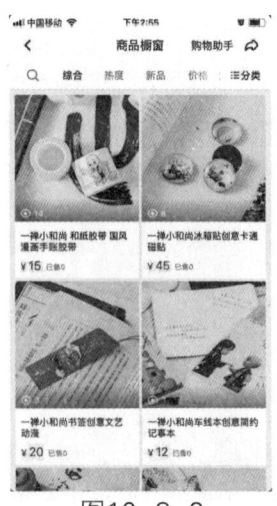

图10-8-2

这种视频不缺粉丝，带货能力也很强，下一步重点考虑的就是怎样把普通粉丝转化为忠实粉丝。另外，由于这种视频的成本较高，有些商家变现所得抵不上制作视频的支出，所以他们为了继续生存，就需要开拓其他渠道。

9. 广告植入是目前短视频重要的变现方式

观看短视频的用户或多或少会看到视频中的广告元素，这些广告让一些景区、企业迅速走红。更有意思的是，全国各地涌现出了很多网红店、网红景区的现象。看到短视频广告能够带来巨大红利，各个企业、品牌、景点掀起了一股入驻短视频平台的风潮。

广告植入就是把产品或品牌融入短视频，给用户留下印象，以寻求变现。根据植入的方式，广告可以分为硬广告和软广告。硬广告就是主播台词中出现的广告，或者道具、场景中出现的广告元素；软广告会与内容相融合，使用户较难分辨出来。在短视频平台上，用户经常看到的是软广告，这种广告很容易让用户接受，而且会让用户看到产品功用以外的价值，所以变现能力很强。

应用、景点、企业利用短视频植入广告

各个手机应用为了赶上流量顺风车，都纷纷入驻短视频平台。比如支付宝、流利说英语等，它们的视频不论是什么内容，都会植入自己品牌的广告，虽然广告痕迹很明显，但是由于用户知道它们的业务范畴，而且关注它们就是为了获得当下最新资讯，比如支付宝最新推出了哪些活动，所以用户对它们的广告是接受的。更具有吸引力的是，这些应用的短视频会融入创意和情景，在实用的基础上更让用户觉得有趣。

各个景点的短视频让用户觉得大饱眼福,还刺激用户到景点旅游,从而给景点带来巨大的利润。这种视频几乎不用植入广告,景点的优美画面就是最好的广告。在短视频出现以前,人们获取旅游信息的主要渠道是电视、互联网等,电视是让用户被动接收信息的,而互联网需要用户自己搜索,这样一来,很多景点从来没有走进过用户的视野。而短视频是被推荐给用户的,用户看到从来没见过的风景、习俗就想到那看看,所以短视频让景区实现了高额盈利。

企业当然也不会错过利用这么好的宣传机会,不仅亲自上阵,还与视频创作者合作,付给创作者费用,让他们在视频里植入广告。这类广告最常见的是视频中出现了某款名牌包包、口红、服装等,在网红的美感刺激下,用户开始为这些养眼的商品付费。还有一些广告内容很明显,但是用户沉浸在内容之中,不能马上分辨出来。如图10-9-1所示,这个视频中的袜子上展示了脚上的穴位,用户第一时间会认识这些穴位,而不是关注这个袜子,而视频中的剧情也让用户很少留意到这是广告,直到广告弹出来之后,用户才知道这是关于袜子的广告。此外,短视频中植入的广告形形色色,有的植入商品,有的植入企业情怀,还有的植入生产过程,可以说,用户看过的视频中绝大多数都有广告的影子。

图10-9-1

决定广告费的因素

调查显示，广告商会根据创作者的粉丝量来定价，但是单价波动很大，从1分/粉丝到3分/粉丝不等，一般广告商会定为2.5分/粉丝。这对于粉丝上千万的创作者来说比较合适，因为广告费可以上10万元了，但是几百万粉丝的创作者只能赚到几万元，而且广告商不只看粉丝量，还会看其他数据，比如播放量、点赞量等。

粉丝量很多，单个视频播放量低，说明视频没人看，不受推荐，如果创作者的视频播放量相差很大，广告商会考虑广告转化率，肯定会压价；如果短视频播放量还不错，点赞量不高，广告商会认为视频内容不够优质。这样的视频都不能吸引粉丝点赞，怎么会吸引粉丝买东西呢？

有的接广告的创作者反映，广告商谈合作之前可能会给10万元广告费，但是在谈判过程中，广告商会列举短视频的不足之处，从而使劲压价，到最后可能只能拿到两三万元。由此看出，创作者团队的谈判能力也是影响最后成交价的因素。

广告植入的方式

广告植入的方式有台词植入、实物植入、风格植入、整体植入、文化植入等。其中，台词植入已经不常见了，除非植入的效果很搞笑、很打动用户；而实物植入比较普遍，这种方式只要注意植入的实物必须亮眼，用户也会买账。下面需要说明的是其他三种方式。

风格植入就是将产品的风格植入短视频中，让用户在观看视频的时候能联想到商品。曾经有个黑芝麻糊的广告，广告里的小孩喝完黑芝麻糊后会把碗舔干净，这让喜欢黑芝麻糊的用户记忆犹新。而一条短视频里没有出现黑芝麻糊，只是出现了戴着瓜皮帽的小孩添碗的情景，而场景的风格非常像当年的广告，这勾起了一代人的回忆，很多人看了都想喝黑芝麻糊了。

整体植入就是短视频中出现的所有元素都与广告商有关。比如有个短视频里出现了桑干河、葡萄园、农民锄地、葡萄从幼苗到长出果实再到酿成酒的各个场景，这些单独的画面无法让人联想到酒厂，视频中也没有出现葡萄酒厂的信息，但是整体已经表现出这是葡萄酒的广告了。

文化植入是植入广告的最高境界，它不会呈现出具体的商品，也不会出现厂商的信息，但是里面传达的文化却让用户感受到了厂商的存在。比如很多百年老店都有自己的文化，它们的商品都带有中国文化气息，用户看到就能感受到企业文化。